축구 역사를 빛낸
최고의 골

Aczel 지음 | 서지희 옮김

-Aczel-

한스미디어

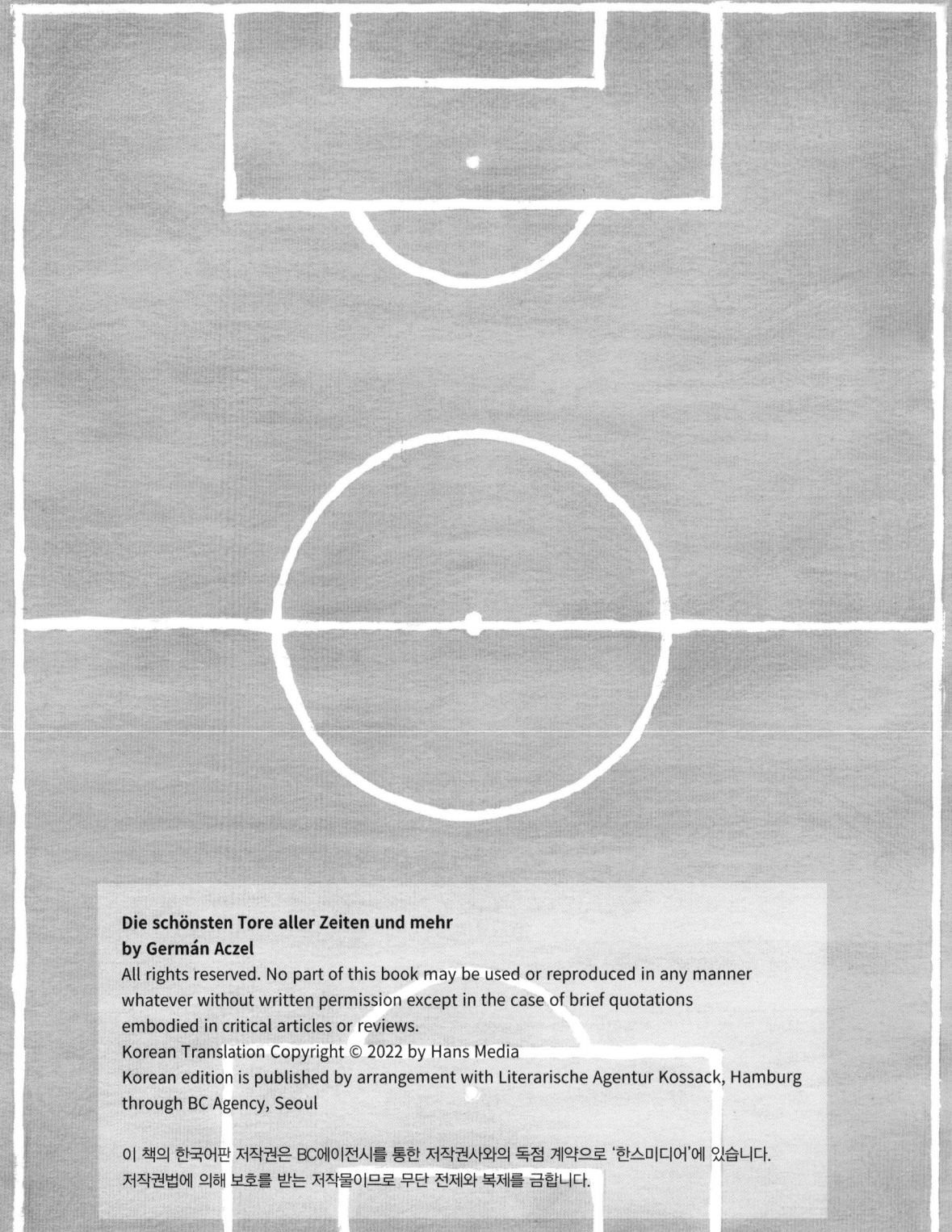

Die schönsten Tore aller Zeiten und mehr
by Germán Aczel
All rights reserved. No part of this book may be used or reproduced in any manner whatever without written permission except in the case of brief quotations embodied in critical articles or reviews.
Korean Translation Copyright © 2022 by Hans Media
Korean edition is published by arrangement with Literarische Agentur Kossack, Hamburg through BC Agency, Seoul

이 책의 한국어판 저작권은 BC에이전시를 통한 저작권사와의 독점 계약으로 '한스미디어'에 있습니다.
저작권법에 의해 보호를 받는 저작물이므로 무단 전제와 복제를 금합니다.

차례

최고 중의 최고 골   4~191

최고의 골키퍼 골   192

최악의 골키퍼 자책골   198

최고의 페널티킥   202

최악의 페널티킥   210

마지막 순간에 넣은 최고의 골   218

최악의 자책골   232

최고로 이상한 골   240

최고 중의 최고 골

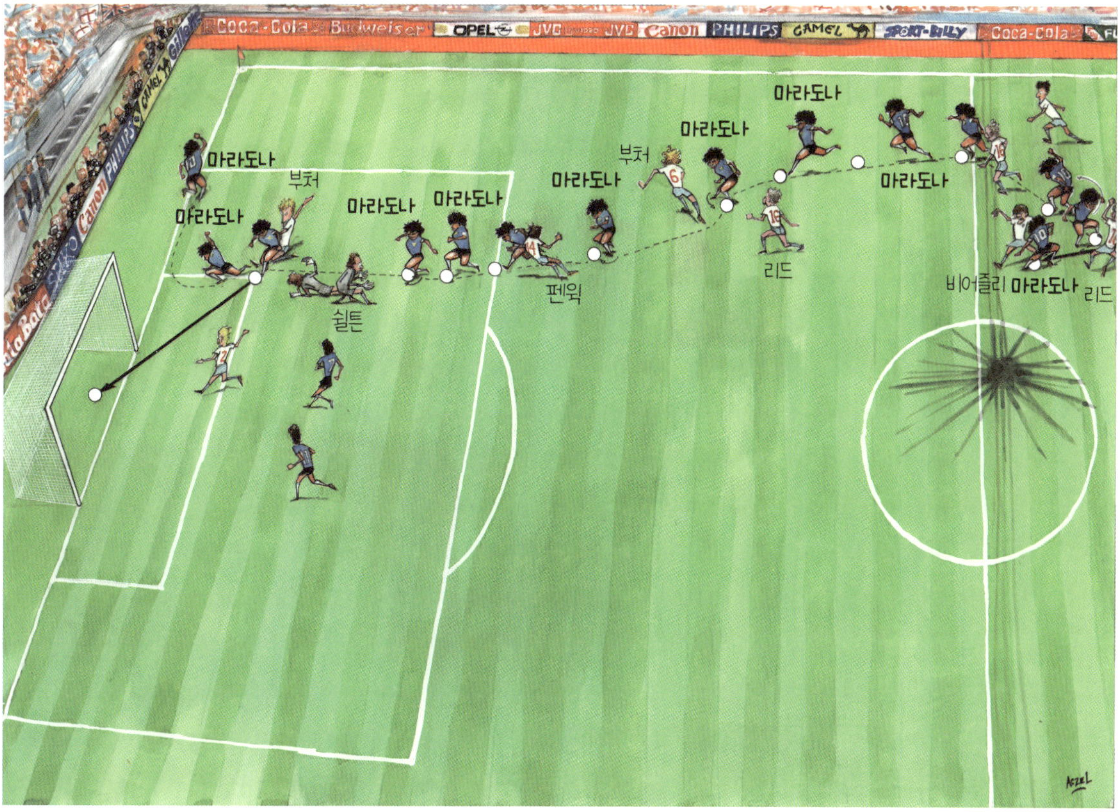

1
디에고 아르만도 마라도나 (Diego Armando Maradona, 아르헨티나) 55분(2:0)

1986년 6월 22일, 에스타디오 아스테카, 멕시코시티(멕시코)
1986 멕시코 월드컵 8강전, 아르헨티나 2:1 잉글랜드

세기의 골

이 경기에서 마라도나는 5분이라는 짧은 시간에 국제 축구 경기 역사상 가장 잊지 못할 두 골을 넣었습니다. 첫 번째 골은 '신의 손'이라 불렸고(일부 사람들에 의해), 두 번째는 아주 능수능란한 골이었죠. 두 번째 골은 첫 골을 손으로 쳐서 넣었다는 논란을 잠재우기에 충분했습니다. 이 골로 아르헨티나는 준결승에 진출했고 결국 두 번째 월드컵 우승컵을 손에 넣을 수 있었어요.
말비나스 제도(포클랜드 제도)를 둘러싼 양국 간의 전쟁이 있고 나서 마라도나가 스포츠로 잉글랜드를 이겼던 것이죠. 이는 아르헨티나인들에게는 굉장히 큰 의미를 지녔답니다.

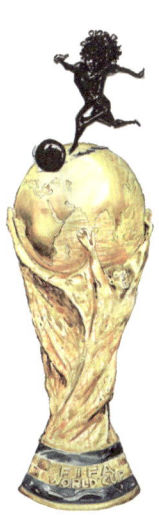

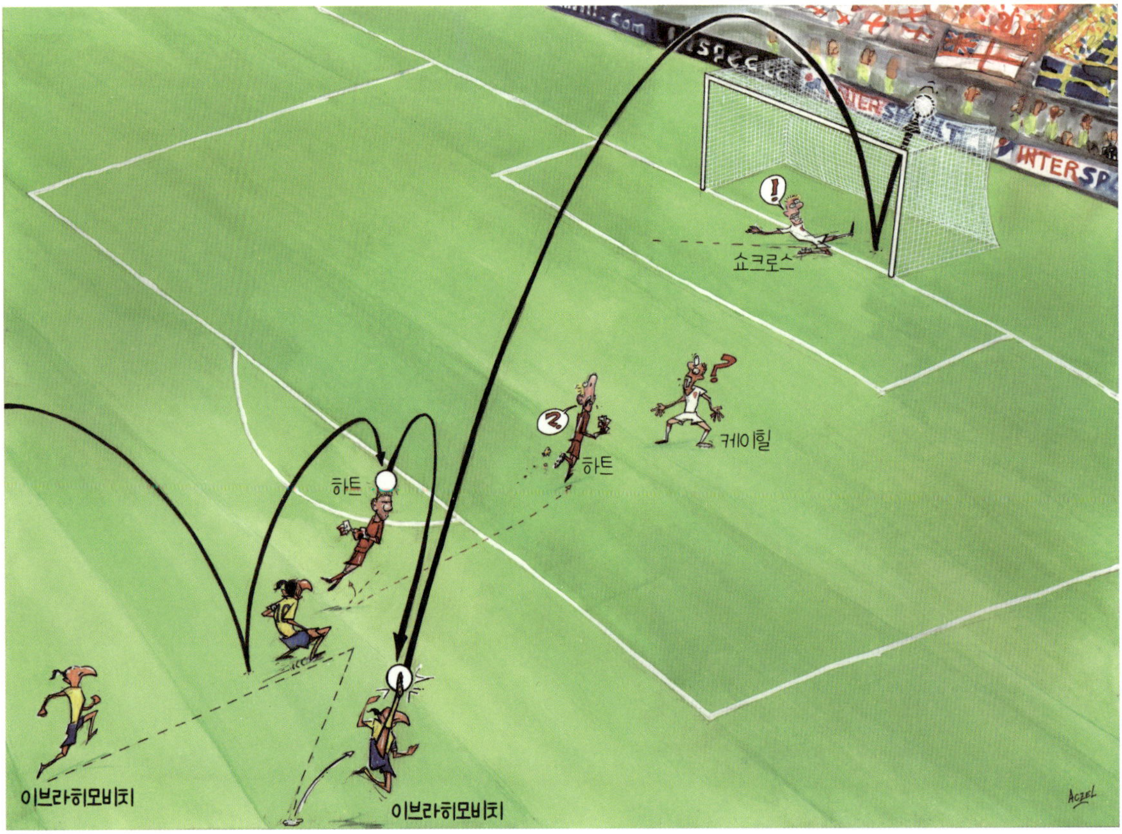

2   즐라탄 이브라히모비치 (Zlatan Ibrahimovic, 스웨덴)   90분(4:2)

2012년 11월 15일, 프렌즈 아레나, 솔나(스웨덴)
친선 경기, 스웨덴 4:2 잉글랜드

'이브라카다브라' 혹은 태권도 킥

거의 30미터나 되는 거리에서의 오버헤드킥. 곡예에 가까운 즐라탄의 역동적인 움직임이 정말 인상적입니다. 이로써 그는 자신의 신체적 재능과 태권도에 대한 조예를 또 한 번 입증해 보였습니다.

3

리오넬 메시(Lionel Messi, FC 바르셀로나) 28분(2:0)

2007년 4월 18일, 캄 노우, 바르셀로나(스페인)

코파 델 레이(스페인 국왕컵-옮긴이), 준결승 1차전, FC 바르셀로나 5:2 헤타페 CF

"이 승리를 디에고(마라도나)에게 바친다."

마라도나가 세기의 골을 넣은 지 20년 10개월 26일 뒤, 메시가 그와 똑 닮은 골을 만들어냈습니다. 메시는 현 축구계의 살아있는 전설이며, 많은 이들은 그를 펠레, 마라도나, 크루이프와 같은 역사적인 선수들과 동급으로 여기죠. 메시는 수많은 기록을 세웠고 온갖 축구 통계들을 뒤집어 놓았기에 여기에 일일이 다 쓰기가 힘들 정도랍니다. 그중에서도 가장 중요한 기록으로 손꼽히는 것은 'FIFA(국제축구연맹) 올해의 선수'로 가장 여러 번 선정되었다는 것입니다.

4 호베르투 카를루스(Roberto Carlos, 브라질)   21분(0:1)

1997년 6월 3일, 스타드 드 제를랑, 리옹(프랑스)
투르누아 드 프랑스, 프랑스 1:1 브라질

바나나 프리킥

"나는 프리킥을 찰 때 'La Poste(라 포스테)' 광고판의 'a'자를 겨냥했습니다. 공은 목표지점보다 더 멀리 날아가더니 믿기 힘든 스핀과 빠른 속도로 회전했죠. 그런 프리킥을 찬 적이 몇 번 있기는 했지만, 그게 내 생애 최고의 킥이었어요."

5
지네딘 지단(Zinedine Zidane, 레알 마드리드) 45분(2:1)

2002년 5월 15일, 햄든 파크, 글래스고(스코틀랜드)
챔피언스리그, 결승전, 레알 마드리드 2:1 바이엘 04 레버쿠젠

챔피언스리그 사상 최고의 골

"공이 발에 닿는 순간 이미 나는 골이 들어가리라는 것을 알았습니다. 그렇게 기적적으로 공이 발에 걸리다니, 정말 좋았죠. 그리고 가장 중요한 건, 덕분에 우승컵을 들어 올릴 수 있었다는 사실입니다." 그건 축구 역사상 가장 마법 같은 순간으로 손꼽힙니다. 공은 마치 왼발 발리슛으로 골인되기를 바라는 듯 아주 적절한 각도, 적절한 높이로 우아하게 패스되었고, 그걸 성공시킬 수 있는 사람은 지주(Zizou, 지단의 애칭-옮긴이)뿐이었습니다.

6 네이마르(Neymar, 산투스 FC)   25분(3:0)

2011년 7월 27일, 이스타지우 우르바누 칼데이라, 산투스(브라질)
캄페오나투 브라질레이루(브라질 전국리그-옮긴이), 12R, 산투스 FC 4:5 플라멩구

브라질의 보석, 네이마르

"저 떠다니는 것 같은 가벼움 좀 보세요. 최고의 선수만이 저렇게 할 수 있습니다", 해설자는 열광했습니다. 네이마르와 호나우지뉴(Ronaldinho)가 각 팀의 주장으로 뛴 산투스와 플라멩구의 명승부는 5:4로 끝이 났어요. 네이마르는 이 경기에서 가장 아름다운 골을 넣어 그해 최고의 골에 수여하는 피파 푸스카스상까지 받았습니다. 보기 드문 멋진 경기를 관람한 양 팀의 관중들은 박수갈채를 보내며 경기장을 떠났답니다.

7 크리스티아누 호날두(Cristiano Ronaldo, 레알 마드리드) 64분(0:2)

2018년 4월 3일, 유벤투스 스타디움, 토리노(이탈리아)
챔피언스리그, 8강전, 1차전, 유벤투스 0:3 레알 마드리드

CR7의 명예팬들

호날두가 믿기 힘든 점프력을 보여준 오버헤드킥을 선보이자 '노부인(유벤투스의 애칭-옮긴이)'의 팬들까지 자리에서 일어나 인정의 박수갈채를 보내는, 소름 끼치는 순간이 연출되었습니다. 포르투갈인들은 매우 감동했고, 호날두는 유벤투스 팬들에게 고마워했죠. 아마 이 일이 호날두가 그다음 시즌에 유벤투스와 계약하는 동기가 되었는지도 모릅니다.

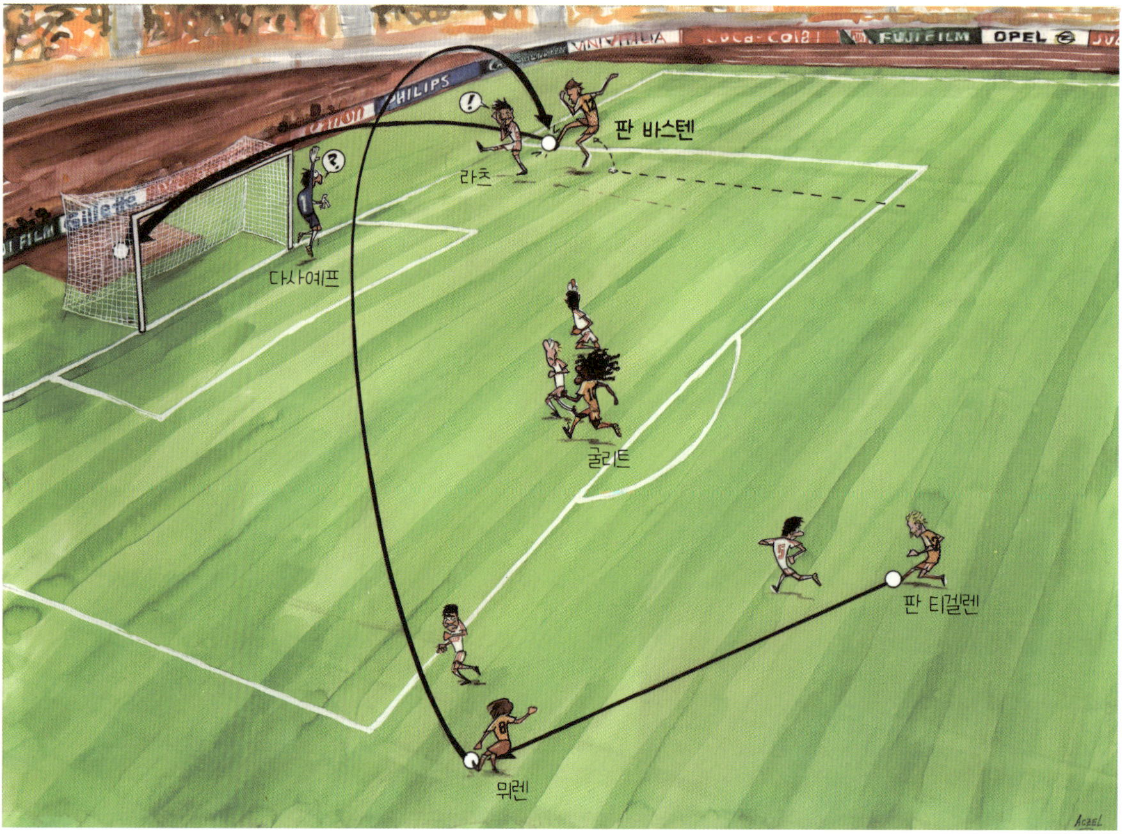

8 마르코 판 바스텐(Marco Van Basten, 네덜란드) 54분(2:0)

1988년 6월 25일, 올림피아 슈타디온, 뮌헨(독일)
유로 1988 결승전, 네덜란드 2:0 소련

가장 완벽한 발리슛

유로 1988 결승전에서 발리슛이 사실상 불가능한 위치에 서 있던 마르코 판 바스텐은 골키퍼 너머, 골문의 먼 구석으로 공을 찼습니다. 이 골로 당시 최고 공격수들 중 한 명이던 그는 네덜란드에 유럽축구선수권대회에서의 첫 승리를 안겨주었죠.

올리비에 지루(Olivier Giroud, 아스널 FC)   17분(1:0)

2017년 1월 1일, 에미레이츠 스타디움, 런던(잉글랜드)
프리미어리그, 19R, 아스널 FC 2:0 크리스탈 팰리스

"새해 복 많이 받으세요"

2017년이 된 지 열여섯 시간밖에 지나지 않았을 때, 사람들은 그해 최고의 골을 보았다고 확신했습니다. 이 '전갈슛'으로 지루는 2017년 푸스카스상을 받았죠. "공이 내 뒤로 와서 나는 다른 방법을 선택할 수가 없었는데, 그게 행운이었어요."

10 펠레(Pelé, 산투스 FC) 81분(0:4)

1959년 8월 2일, 에스타디오 루아 자바리, 상파울루(브라질)
캄페오나투 파울리스타(상파울루주 리그-옮긴이), CA 주벤투스 0:4 산투스 FC

오 레이 펠레(O Rei Pelé)

펠레는 수비수의 머리 위로 공을 띄워서 받기를 네 번이나 반복하며 자신의 1283골 중 최고의 골을 달성했습니다. 이 골은 영상으로 남아있지 않아서, 당시 경기장에 있었던 관중들과 펠레 본인의 진술을 바탕으로 골을 넣는 과정이 컴퓨터로 재구성되었답니다.

11

카르스텐 캄로트(Carsten Kammlott, FC 로트바이스 에르푸르트) 67분(1:1)

2015년 8월 13일, 루돌프 하르비히 슈타디온, 드레스덴(독일)
3.리가(독일 3부리그-옮긴이), 3R, 디나모 드레스덴 3:1 FC 로트바이스 에르푸르트

슈퍼캄로트

천재성과 광기의 중간쯤, 하늘을 나는 듯한 믿기 힘든 전갈슛으로 3부리그 선수가 2015년 최고의 골을 넣었습니다. "전혀 연습해본 적 없는 골이었습니다. 그런 건 평생 한 번밖에 없을 일이죠. 그런 일이 제게 일어나다니, 기쁘고 말고요", 호감형인 캄로트는 그 꿈같았던 순간을 이렇게 회상한답니다.

12 호베르투 카를루스 (레알 마드리드)   46분(1:1)

1998년 2월 21일, 에스타디오 엘리오도로 로드리게스 로페스, 테네리페(스페인)
라리가(La Liga, 스페인 프로축구 1부리그-옮긴이), CD 테네리페 4:3 레알 마드리드

골 임파서블

호베르투 카를루스는 모든 논리적인 기하학 법칙을 깨뜨리며 또 하나의 있을 수 없는 골을 만들어냈습니다. 최고의 골 20개 중 두 개를 넣은 그는 역대 최고의 아웃사이드 킥을 선보인 선수임이 틀림없어요.

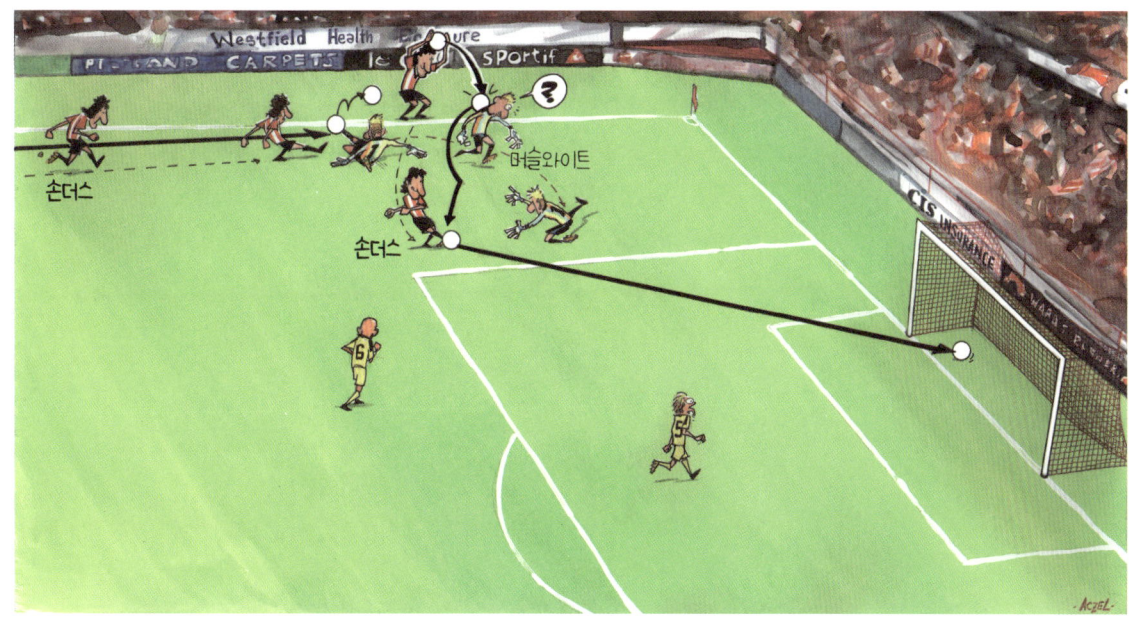

13 딘 손더스(Dean Saunders, 셰필드 유나이티드 FC)   88분(2:0)

1998년 3월 28일, 브래몰 레인 스타디움, 셰필드(잉글랜드)
프리미어리그, 37R, 셰필드 유나이티드 FC 2:1 포트 베일 FC

역사상 가장 뻔뻔스러운 골

손더스는 골키퍼를 공을 튕기는 도구로 이용했습니다. 기발한 생각이라는 건 인정할 수밖에요.

딘 손더스

14 리오넬 메시 (바르셀로나)

2015년 5월 30일, 캄 노우, 바르셀로나 (스페인)
코파 델 레이, 결승전, FC 바르셀로나 3:1 아틀레틱 빌바오

20분 (1:0)

잡을 수 있으면 잡아 봐

이 경기에서 메시는 드리블로 여러 수비수들을 제쳤습니다. 그는 '맨 오브 더 매치(Man of the Match)'로 선정되었고 바르셀로나는 우승컵을 안게 되었죠.

스테파니 로체

15 스테파니 로체(Stephanie Roche, 피마운트 유나이티드)   47분(0:4)

2013년 10월 20일, 페리캐리그 파크, 뉴캐슬, 크로사베그(아일랜드)
BEWNL(아일랜드 여자프로축구리그-옮긴이), 웩스퍼드 유스 1:6 피마운트 유나이티드

화제의 골

스테파니의 골은 팀 매니저가 유튜브에 올린 동영상을 통해 급속도로 퍼져 나갔습니다. 그리고 결국 2014년 피파 푸스카스상 후보에 오르게 되었죠. "축구계의 오스카상에서 메시, 호날두와 같은 대스타들과 어깨를 나란히 하게 되다니, 정말 믿기지 않을 만큼 비현실적이에요." 이 골은 최종 2위에 오르며 여자 선수의 골로는 최고의 자리를 차지해, 전 세계가 기뻐했답니다.

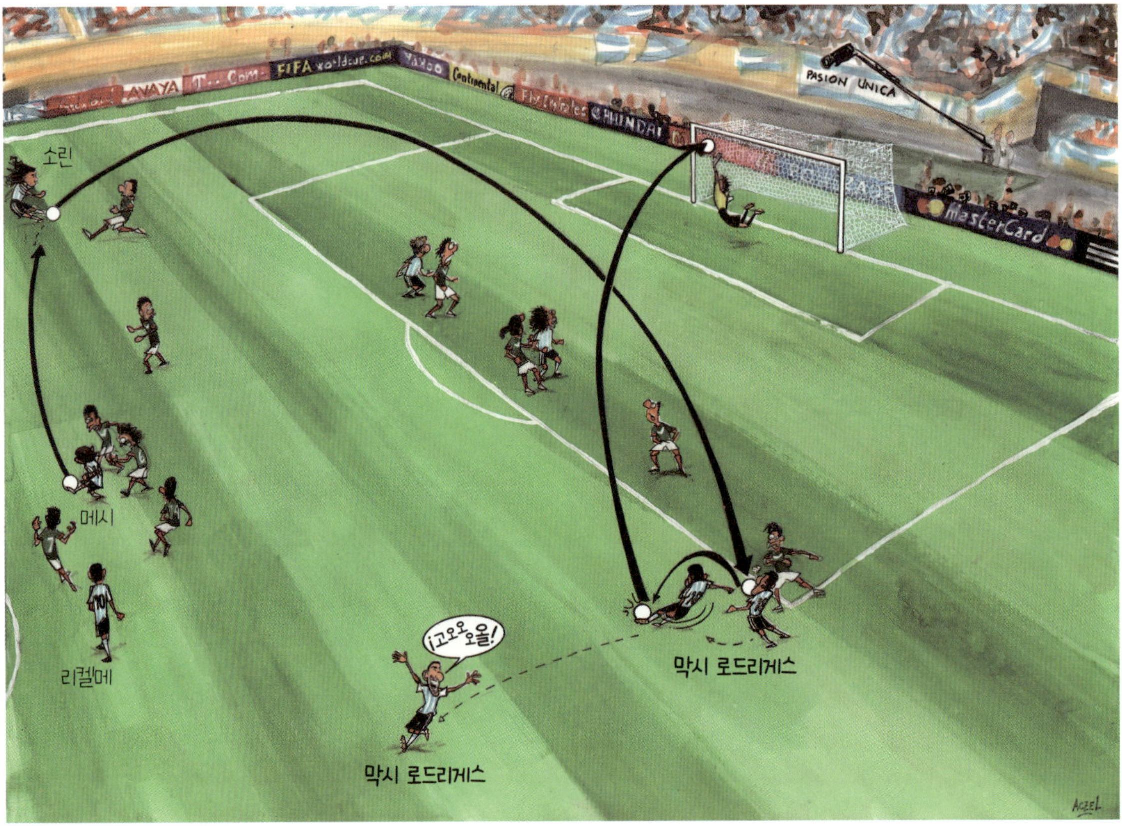

16   막시 로드리게스 (Maxi Rodriguez, 아르헨티나)   98분(2:1)

2006년 6월 24일, 첸트랄 슈타디온(현 레드불 아레나-옮긴이), 라이프치히(독일)
2006 독일 월드컵, 16강전, 아르헨티나 2:1 멕시코

꿈의 골

가슴으로 받은 공이 땅에 닿기도 전에 발로 찬 이 강력한 슛으로, 아르헨티나는 다음 라운드로 진출할 수 있었습니다.

막시 로드리게스

17 로빈 판 페르시 (Robin van Persie, 네덜란드)   44분(1:1)

2014년 6월 13일, 에스타디오 폰테 노바, 살바도르, 바히아(브라질)
2014 브라질 월드컵, B조, 네덜란드 5:1 스페인

플라잉 더치맨

판 페르시가 착지에 대한 고민도 없이 공중으로 몸을 날렸던 이 환상적인 헤딩 골은 최고의 헤딩 골로 손꼽힙니다. 앞으로도 이를 능가할 골이 나오기는 힘들 거예요.

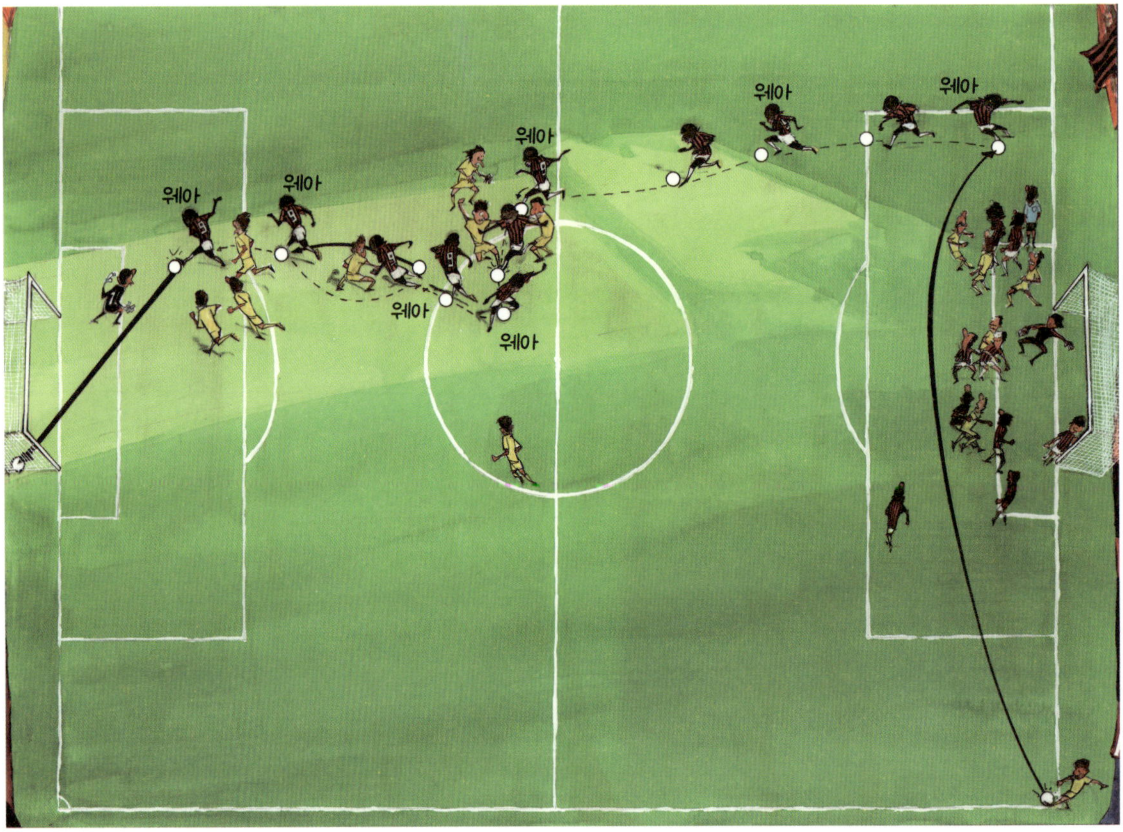

18 조지 웨아(George Weah, AC 밀란)   85분(3:1)

1996년 9월 8일, 스타디오 주세페 메아차, 밀라노(이탈리아)
세리에A(이탈리아 프로축구 1부리그-옮긴이), 1R, AC 밀란 4:1 엘라스 베로나

온 경기장을 누비다

웨아는 말 그대로 혼자서 경기장 전체를 질주하는, 믿기 힘든 모습을 보여주었습니다. 그는 현재까지 세계적인 축구 선수로 이름을 날린 유일한 아프리카계 선수이자, 아프리카의 역대 최고 선수이죠. 2018년부터는 자신의 조국인 라이베리아의 대통령으로 재직하고 있습니다.

웨아

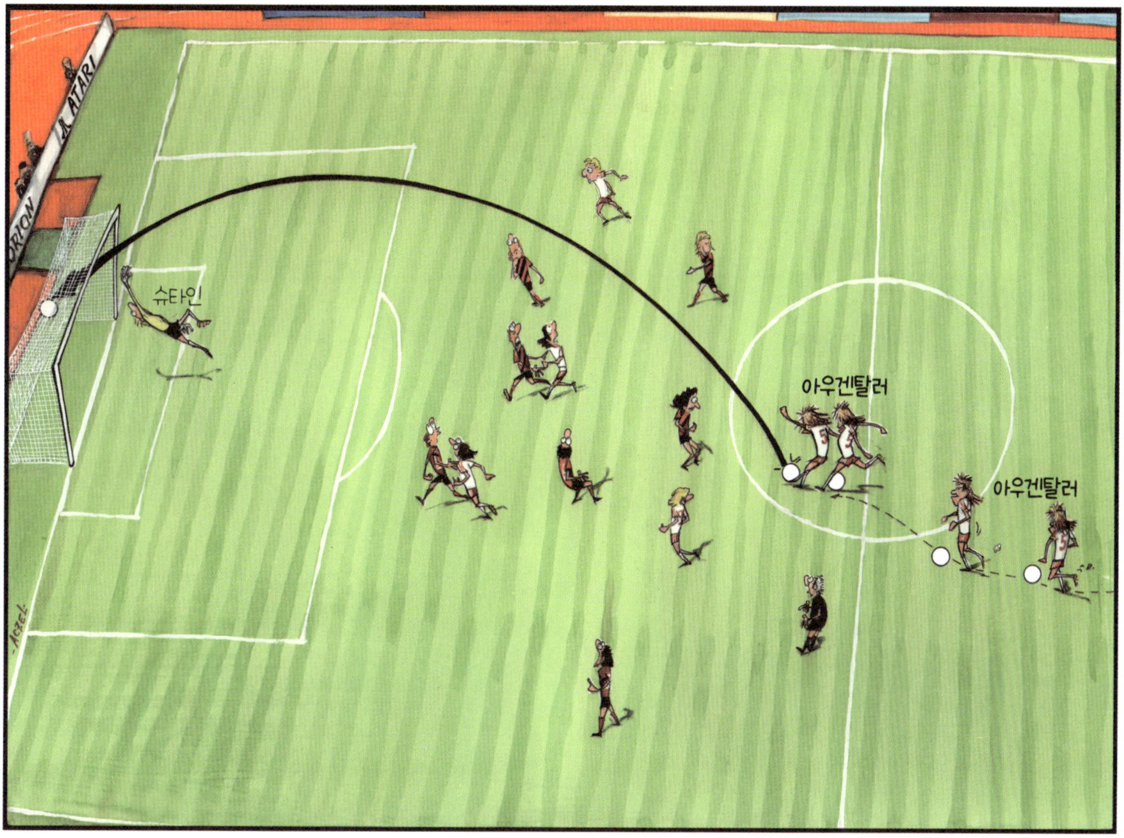

19 클라우스 아우겐탈러(Klaus Augenthaler, FC 바이에른 뮌헨) 34분(0:1)

1989년 8월 20일, 발트슈타디온, 프랑크푸르트(독일)
DFB 포칼(독일축구협회컵-옮긴이), 1R, 아인트라흐트 프랑크푸르트 0:1 FC 바이에른 뮌헨

계획된 슛

주장인 아우겐탈러는 공을 설렁설렁 굴리다가 경기장 한가운데에서 온 힘을 다해 슛을 날려 모두를 놀라게 했습니다. "어느 순간에 경기장 중앙선에서 골을 넣어야겠다는 목표가 생기더군요." 이 골은 독일에서 그해 최고의 골이 된 데 이어 10년 내 최고의 골로도 선정되었답니다.

20 마이클 오언(Michael Owen, 잉글랜드) 16분(1:2)

1998년 6월 30일, 스타드 조프루아 기샤르, 생테티엔(프랑스)
1998 프랑스 월드컵 16강전, 아르헨티나 2:2(연장전 후, 승부차기 4:3) 잉글랜드

원더 보이

당시 열여덟 살에 불과했던 오언은 숙적 아르헨티나를 상대로 잉글랜드 축구에서 가장 상징적이라 할 수 있는 골을 넣었습니다. 잉글랜드의 월드컵 역사상 최고로 아름다운 골이었죠.

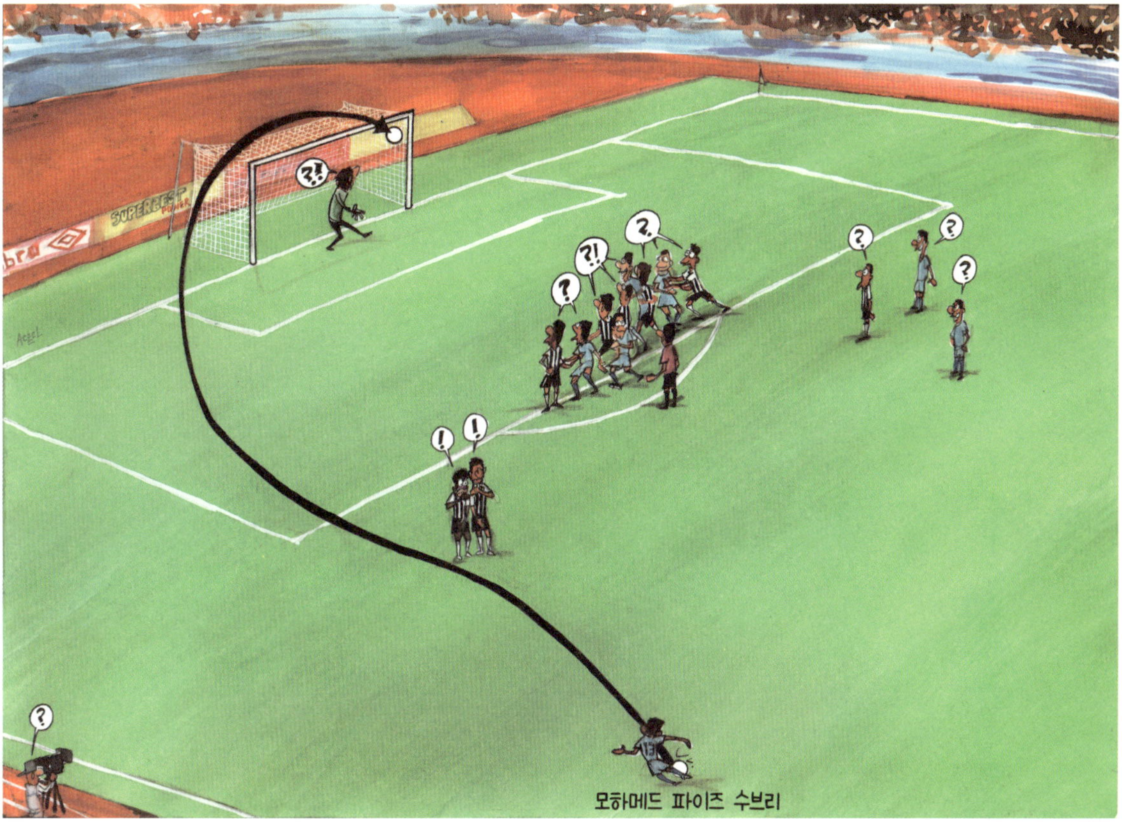

21 모하메드 파이즈 수브리 (Mohd Faiz Subri, 페낭 FA)

2016년 2월 16일, 반다라야 풀라우 피낭 스타디움, 페낭(말레이시아)
말레이시아 슈퍼리그(말레이시아 프로축구 1부리그-옮긴이), 페낭 FA 4:1 파항 FA

원격 조종된 공?

파이즈는 마치 미사일 같은 궤적을 그리며 들어간 이 멋진 프리킥으로 2016년 피파 푸스카스상을 받았습니다.

22   펠레(Pelé, 브라질)   55분(3:1)

1958년 6월 29일, 로순다 스타디온, 솔나(스웨덴)
1958 스웨덴 월드컵 결승전, 브라질 5:2 스웨덴

전설의 탄생

펠레는 17세밖에 안 된 나이에 우승컵을 거머쥔 것도 모자라, 결승전에서 꿈의 골을 넣었습니다. 공을 처음에는 가슴으로 받고, 그 다음에는 마법처럼 수비수 머리 위로 띄운 뒤 공이 땅에 닿기도 전에 곧바로 차서 결승전 최고의 단독 골을 만들어냈죠. 펠레와 같은 선수의 등장은 당시로서는 매우 인상적인 일이었으며, 그는 축구 경기의 혁명과 같은 존재였습니다. 그는 브라질에 첫 월드컵 우승을 안겨줌으로써 전설의 탄생을 알렸답니다.

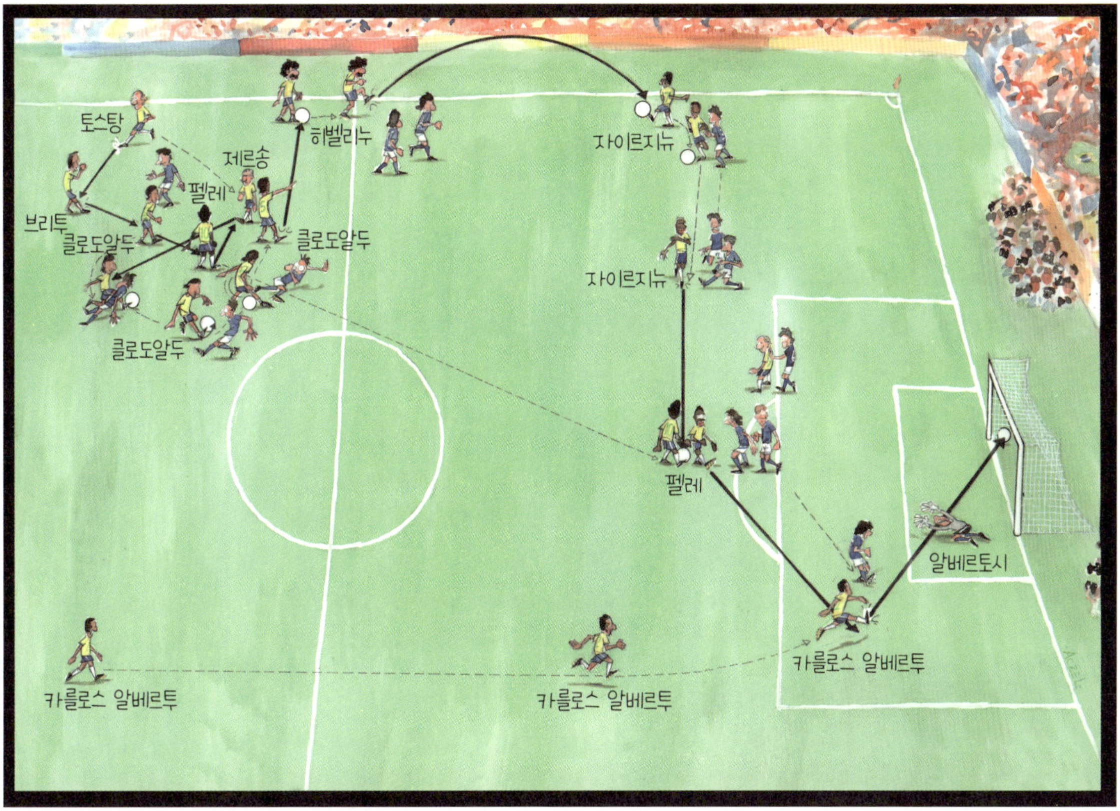

23 **카를로스 알베르투**(Carlos Alberto, 브라질)   86분(4:1)

1970년 6월 21일, 에스타디오 아스테카, 멕시코시티(멕시코)
1970 멕시코 월드컵 결승전, 브라질 4:1 이탈리아

영예로운 상

역대 최고 팀으로 여겨지는 1970년의 셀레상(Seleção, '선택받은 자'라는 뜻으로 브라질 축구국가대표팀을 일컬음-옮긴이)은 이탈리아와의 결승전에서 멋진 팀워크를 보여주며 네 번째 골(4:1)을 넣었습니다. 월드컵에서 골을 넣으리라고는 결코 생각지 못했던 수비수 알베르투는 "나는 매일 그 순간을 떠올립니다"라고 말했답니다.

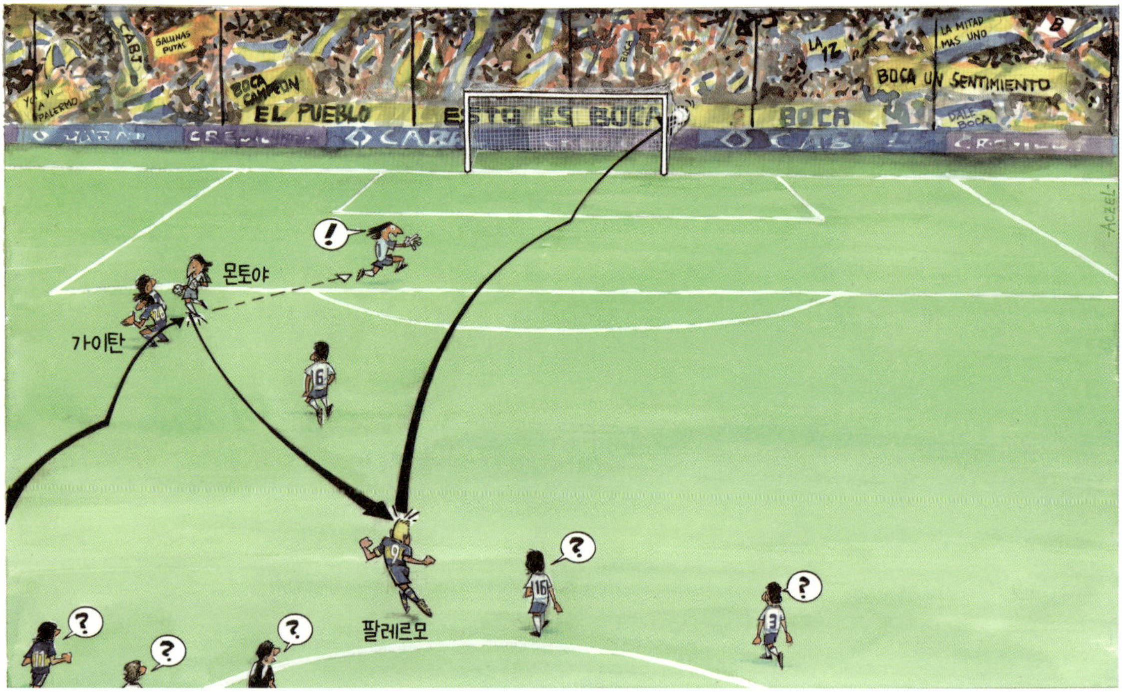

24 마르틴 팔레르모(Martin Palermo, 보카 주니어스)   74분(3:2)

2009년 10월 4일, 라 봄보네라, 라 보카, 부에노스아이레스(아르헨티나)
프리메라 디비시온(Primera División, 아르헨티나 프로축구 1부리그-옮긴이), 7R, 보카 주니어스 3:2 벨레즈 사르스필드

마르틴 팔레르모

경기장 중앙에서부터 헤딩 골을 넣은 '미친 사람(El Loco)'

경기장 중앙에서 헤딩으로 넣은 이 골은 대단하다 못해 '미친 (loco)' 골이었습니다. 보카 주니어스의 대스타인 팔레르모의 골들은 모두를 만족시켰죠. 팬들의 사랑을 받는 이 9번 선수는 레알 마드리드를 상대로 한 피파 클럽월드컵 경기에서 '맨 오브 더 매치'로 선정된 바 있으며, 보카 주니어스 역대 최다 골 기록을 보유하고 있습니다.

25 웨인 루니 (Wayne Rooney, 맨체스터 유나이티드) 78분(2:1)

2011년 2월 12일, 올드 트래퍼드 스타디움, 그레이터맨체스터(잉글랜드)
프리미어리그, 26R, 맨체스터 유나이티드 2:1 맨체스터 시티

'메이드 인 맨체스터' 오버헤드킥

"맨체스터 시티와의 경기에서 넣은 오버헤드킥은 제게 가장 중요한 골이었어요", 루니는 회상합니다. 그도 그럴 것이, 리그 우승을 결정짓는 중요한 경기에서 넣었기 때문이죠. 게다가 이 골은 같은 지역 라이벌끼리 벌이는 맨체스터 더비의 최고 골이 되었답니다.

26 호나우지뉴 (Ronaldinho, FC 바르셀로나) — 58분(1:1)

2003년 9월 3일, 캄 노우, 바르셀로나(스페인)
라리가, 2R, FC 바르셀로나 1:1 세비야 FC

화려한 데뷔

호나우지뉴는 캄 노우에서 열린 FC 바르셀로나 데뷔 경기에서 세비야를 상대로 꿈같은 골을 넣었습니다.

27 호나우지뉴(FC 바르셀로나)　　38분(4:2)

2005년 3월 8일, 스탬퍼드 브릿지, 런던(잉글랜드)
챔피언스리그, 16강전, 2차전, 첼시 FC 4:2 FC 바르셀로나

삼바 축구

첼시 FC의 수비수들이 이보다 무능하게 보일 수는 없었습니다. 호나우지뉴가 그냥 제자리에 선 채로 엉덩이를 두 번 씰룩이고 나서 발끝으로 공을 차는 뛰어난 실력을 보여주었으니까요.

28 리오넬 메시 (FC 바르셀로나)

87분(0:2)

2011년 4월 27일, 에스타디오 산티아고 베르나베우, 마드리드(스페인)
챔피언스리그, 준결승 1차전, 레알 마드리드 0:2 FC 바르셀로나

메시의 '엘 클라시코'*

메시는 또 한 번 학교 쉬는 시간에 친구들을 상대로 축구 게임을 하는 듯한 모습을 보여주었습니다. 후에 그는 "제 최고의 경기였습니다. 모든 것이 잘 맞아떨어졌죠"라고 회상했어요. 이 골은 FC 바르셀로나 역사상 가장 아름다운 골 3위에 올랐는데, 1위(7쪽)와 2위(18쪽)도 역시 메시의 골들이랍니다.

* El Clasico, 본래는 '전통의 경기'라는 뜻으로 레알 마드리드와 FC 바르셀로나의 더비 경기를 일컫는 말-옮긴이

29 리오넬 메시 (FC 바르셀로나)   80분 (2:0)

2015년 5월 6일, 캄 노우, 바르셀로나 (스페인)
챔피언스리그, 준결승 1차전, FC 바르셀로나 3:0 FC 바이에른 뮌헨

메시를 막을 수는 없다

그리고 그래야만 했습니다. 자신의 감독이었던 펩 과르디올라가 이끄는 팀과 경기를 펼친 메시는, 사람들이 펩이 했던 말을 의심하는 걸 원치 않았겠죠. 메시는 정말 대단한 골을 넣었습니다. 보아텡은 메시의 급격한 방향 전환 때문에 하마터면 허리가 부러질 뻔했습니다. 사람들이 이 장면을 패러디해 만든 여러 가지 밈들이 인터넷에서 빠르게 퍼져 나갔답니다.

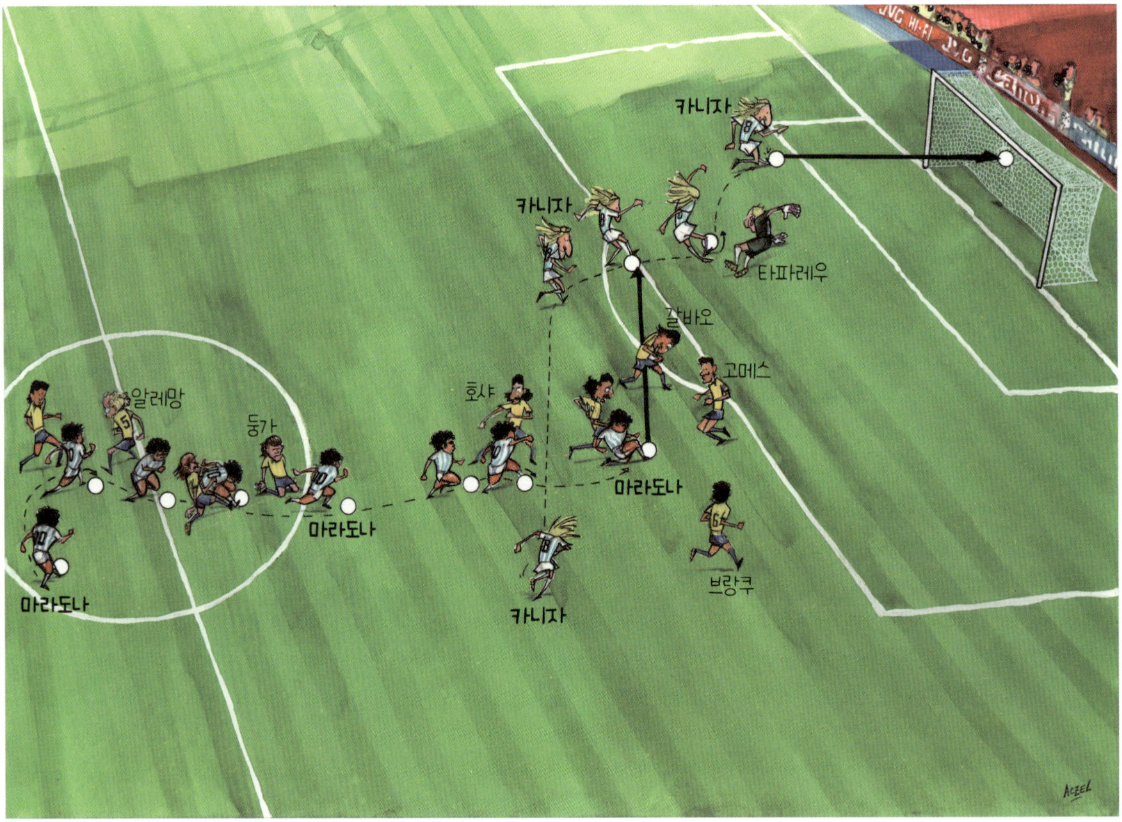

30 클라우디오 파울 카니자 (Claudio Paul Caniggia, 아르헨티나)   81분(1:0)

1990년 6월 24일, 스타디오 델레 알피, 토리노(이탈리아)
1990 이탈리아 월드컵, 16강전, 아르헨티나 1:0 브라질

가슴을 울린 골

이 경기에서 아르헨티나는 용감하게 싸웠지만 간신히 0:0 상황만을 지키며 고전하고 있었습니다. 우위를 점하고 있던 브라질도 골은 넣지 못하고 있었죠. 그때 부상을 당한 채 뛰고 있던 천재 마라도나가 브라질 선수 몇 명을 제치더니 카니자에게 탁월한 패스를 했습니다. 사람들은 카니자가 영리하게 대각선으로 전력 질주한 끝에, 넘어진 타파레우를 제치고 왼발 슛을 성공시키는 모습을 지켜보았죠. 이 골은 알비셀레스테(Albiceleste, 아르헨티나 축구국가대표팀의 별칭-옮긴이) 역사상 가장 진심어린 환호를 받은 골들 중 하나였답니다.

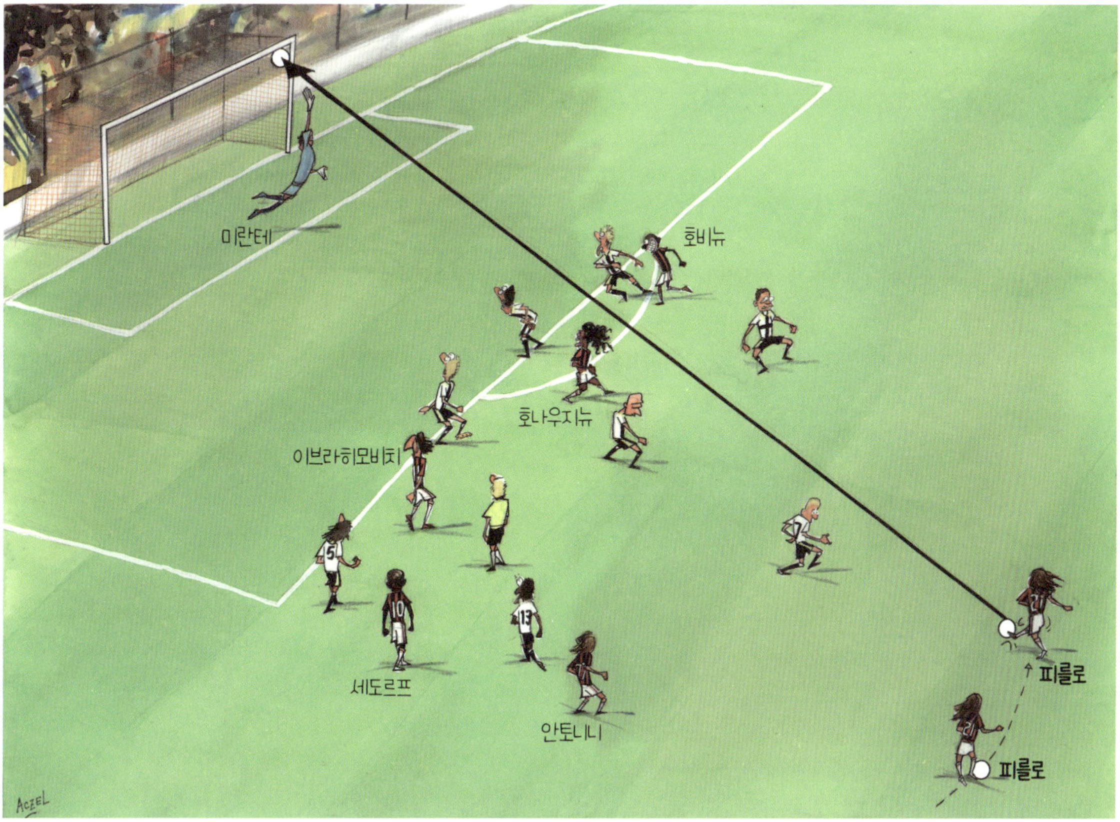

31 안드레아 피를로 (Andrea Pirlo, AC 밀란)   25분(0:1)

2010년 10월 2일, 스타디오 엔니오 타르디니, 파르마(이탈리아)
세리에A, 6R, 파르마 칼초 0:1 AC 밀란

맘마 미아!

"안드레아 피를로 선수, 맙소사, 골이에요!(Mamma mia che gol!)" 이탈리아 리포터는 이렇게 말했습니다. 피를로는 여느 때처럼 우아하게 골을 넣어서, 팀 동료인 호나우지뉴마저 매료시켰죠.

32 데니스 베르캄프 (Dennis Bergkamp, 아스널 FC)

2002년 3월 2일, 세인트 제임스 파크, 뉴캐슬어폰타인(잉글랜드)
프리미어리그, 28R, 뉴캐슬 유나이티드 0:2 아스널 FC

11분(0:1)

어, 뭐지?

베르캄프의 셀프 패스. 이 천재적인 공격수는 정말 비상하고 효과적인 방식으로 공을 컨트롤했습니다. 한 발을 축으로 몸을 회전시키는 이 마법 같은 기교는 전례가 없는 것이었답니다.

33 미카엘 닐손 (Mikael Nilsson, IFK 예테보리) 2분(1:0)

1993년 3월 17일, 울레비 스타디온, 예테보리(스웨덴)
챔피언스리그, 그룹 스테이지(조별 리그), IFK 예테보리 3:0 PSV 아인트호벤

부메랑

이 진정한 대포알 슈팅이 수비벽을 뚫었을 때, 놀라운 일이 일어났습니다. 신기하게도 공이 부메랑처럼 움직였던 것이죠.

34 디에고 아르만도 마라도나 (아르헨티나)   60분(3:0)

1994년 6월 21일, 폭스버러 스타디움, 폭스버러(미국)
1994 미국 월드컵, 그룹 D, 아르헨티나 4:0 그리스

절규

마치 핀볼 게임 같았습니다. "우리는 탁월한 경기를 펼쳤고, 저는 공을 골대 왼쪽 구석에 꽂아 넣었습니다. 이렇게 환상적인 골을 넣었는데 소리를 안 지를 수 있나요?"

'절규'. 마라도나가 알비셀레스테로서 넣은 예술적인 마지막 골은 이렇게 부를 수 있을 거예요.

35 크리스티아누 호날두 (맨체스터 유나이티드)

2009년 4월 15일, 이스타지우 두 드라강, 포르투(포르투갈)
챔피언스리그, 8강 2차전, FC 포르투 0:1 맨체스터 유나이티드

6분(0:1)

불꽃 슛

공은 진짜 파이어볼처럼 변신했습니다. 호날두는 환상적인 슈팅 기술을 보여주었답니다.

36

디에고 아르만도 마라도나 (아르헨티나) 63분 (2:0)

1986년 6월 25일, 에스타디오 아스테카, 멕시코시티(멕시코)
1986 멕시코 월드컵, 준결승, 아르헨티나 2:0 벨기에

실력 증명

마라도나의 걸작 골이 또 한 번 나왔습니다. 그는 이번 월드컵에서 보여준 믿기 힘든 플레이가 자신의 기본 실력이라는 듯, 또 하나의 멋진 드리블 골을 만들어냈습니다.

37   펠레(브라질)   59분(2:1)

1970년 6월 3일, 에스타디오 할리스코, 과달라하라(멕시코)
1970 멕시코 월드컵 예선전, 2조, 브라질 4:1 체코슬로바키아

가슴으로 받기

펠레만큼 기술적이면서도 아름답게 공을 가슴으로 잘 컨트롤할 수 있는 사람은 이전에도 없었고, 이후에도 없을 거예요. 다행히 이 골은 녹화가 되었답니다.

38 호나우두(Ronaldo, FC 바르셀로나)   36분(0:3)

1996년 10월 12일, 에스타디오 물티우소스 데 산 라사로, 산티아고 데 콤포스텔라(스페인)
라리가, 7R, SD 콤포스텔라 1:5 FC 바르셀로나

'오 페노메노(O fenómeno)'

수많은 사람들이 최고의 센터포워드로 여기는 호나우두. 전성기 때 그는 빠른 속도, 빼어난 드리블과 마무리로 눈에 띄었습니다. 수비수들이 밀고 당기는 상황에서도 호나우두는 결코 넘어지지 않았습니다.

"2002 한일 월드컵 결승전에서 넣은 두 개의 골은 그 중요도 때문에 제가 가장 아끼는 골이지만, 기술적으로는 이 골이 최고였어요."

39 로베르토 바조 (Roberto Baggio, 이탈리아)   78분 (2:0)

1990년 6월 19일, 스타디오 올림피코, 로마(이탈리아)
1990 이탈리아 월드컵 예선전, A조, 이탈리아 2:0 체코슬로바키아

벨라 이탈리아

바조의 이 솔로 플레이는 이탈리아가 월드컵에서 보여준 최고의 명장면으로 꼽힙니다.

40 디에고 아르만도 마라도나 (FC 바르셀로나)

57분 (0:2)

1983년 6월 26일, 에스타디오 산티아고 베르나베우, 마드리드(스페인)
코파 데 라 리가, 결승전, 1차전, 레알 마드리드 2:2 FC 바르셀로나

가족계획이여 안녕

"나는 카라스코가 미드필드에서 패스한 공을 받아 골키퍼를 피한 다음 수비수인 후안 호세가 내 앞으로 지나가기를 기다렸습니다. 그런데 그는 미끄러지며 골대에 주요 부위를 제대로 부딪쳤죠. 저로서는 공을 골문 쪽으로 몰고 갈 수밖에 없었고요. 나중에 경기 중에 다시 미드필드에서 만났을 때 저는 그에게 사과를 했습니다. '페르도나, 후안 호세(Perdoná, Juan José).' 그는 '베테 아 토마르 포르 쿨로(Vete a tomar por culo)'라고 대답했는데, 의역하면 꺼져버리라는 뜻이었죠."

41

티에리 앙리(Thierry Henry, 아스널) 30분(1:0)

2000년 10월 1일, 하이버리, 런던(잉글랜드)
프리미어리그, 8R, 아스널 1:0 맨체스터 유나이티드

최고의 골!

패스를 받은 앙리는 공을 살짝 들며 반 바퀴 회전한 뒤 슛을 날렸습니다. 바르테즈는 전혀 손을 쓸 수가 없었죠.

42 라이언 긱스 (Ryan Giggs, 맨체스터 유나이티드)

109분(1:2)

1999년 4월 14일, 빌라 파크, 애스턴, 버밍엄(잉글랜드)
FA컵 준결승전, 아스널 FC 1:2(연장전 후) 맨체스터 유나이티드

털북숭이 가슴

맨체스터 유나이티드의 전설적인 아이돌이 환상적인 솔로 골을 만들어냈습니다. 이를 구단 역사상 최고의 골로 평가하는 팬들로서는 결코 잊을 수 없는 골이죠. 그해에 맨체스터 유나이티드는 3관왕(프리미어리그, 챔피언스리그, FA컵)을 달성한 최초의 클럽이 되었습니다. 게다가 긱스의 골 세리머니는 또 하나의 구경거리였죠. "제가 팬들의 환호 속에서 털북숭이 가슴을 내보인 행동이 그다지 좋게 보이진 않았겠지만, 멋진 골을 넣었기에 괜찮았습니다."

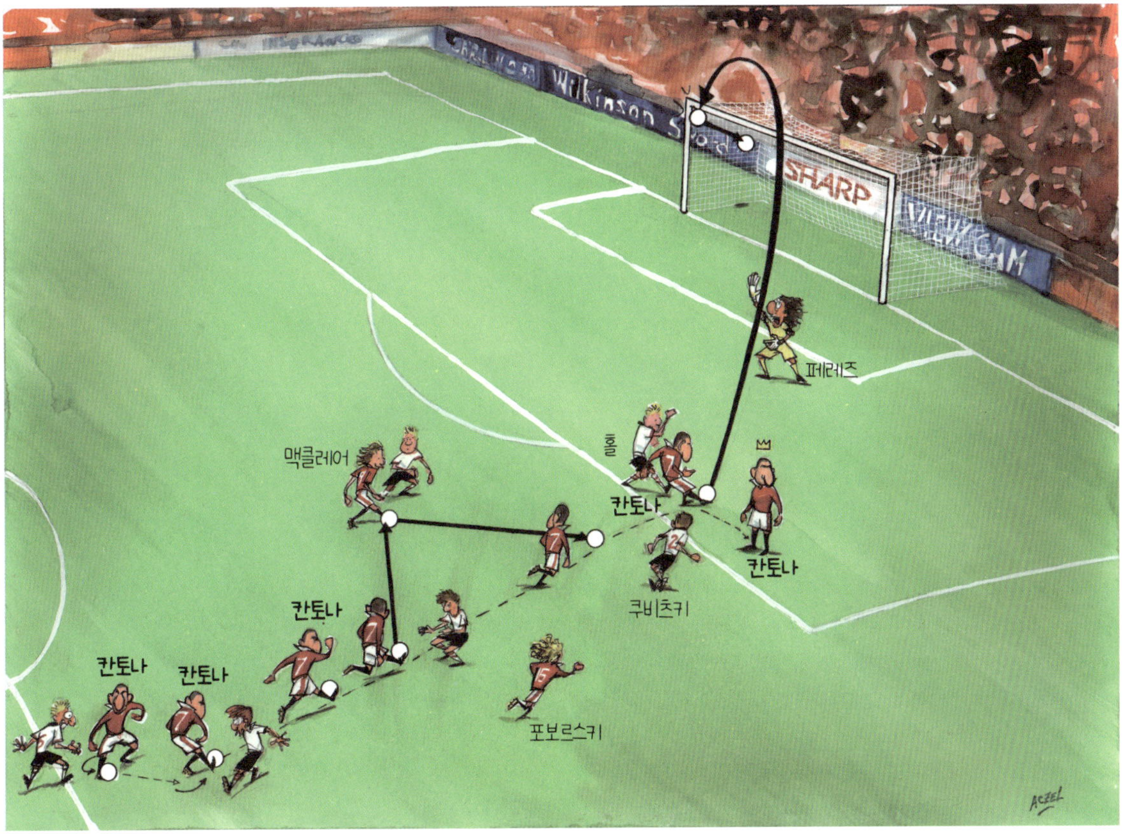

43   에릭 칸토나(Éric Cantona, 맨체스터 유나이티드)   80분(5:0)

1996년 12월 21일, 올드 트래퍼드, 맨체스터(잉글랜드)
프리미어리그, 18R, 맨체스터 유나이티드 5:0 선덜랜드

위풍당당한 세리머니

이 골은(골 이후 이어진 환호와 함께) 의심의 여지없이 프리미어리그의 상징적인 골들 중 하나입니다. 칸토나는 공을 수비수 머리 너머로 띄워 골대를 맞히고 골인시키는 것으로도 모자라, 공을 골문 앞으로 몰고 올 때부터 환상적인 플레이를 보여주었습니다.

칸토나는 어느 팬을 향해 전설적인 쿵푸 킥을 날릴 정도로 다혈질 선수였답니다.

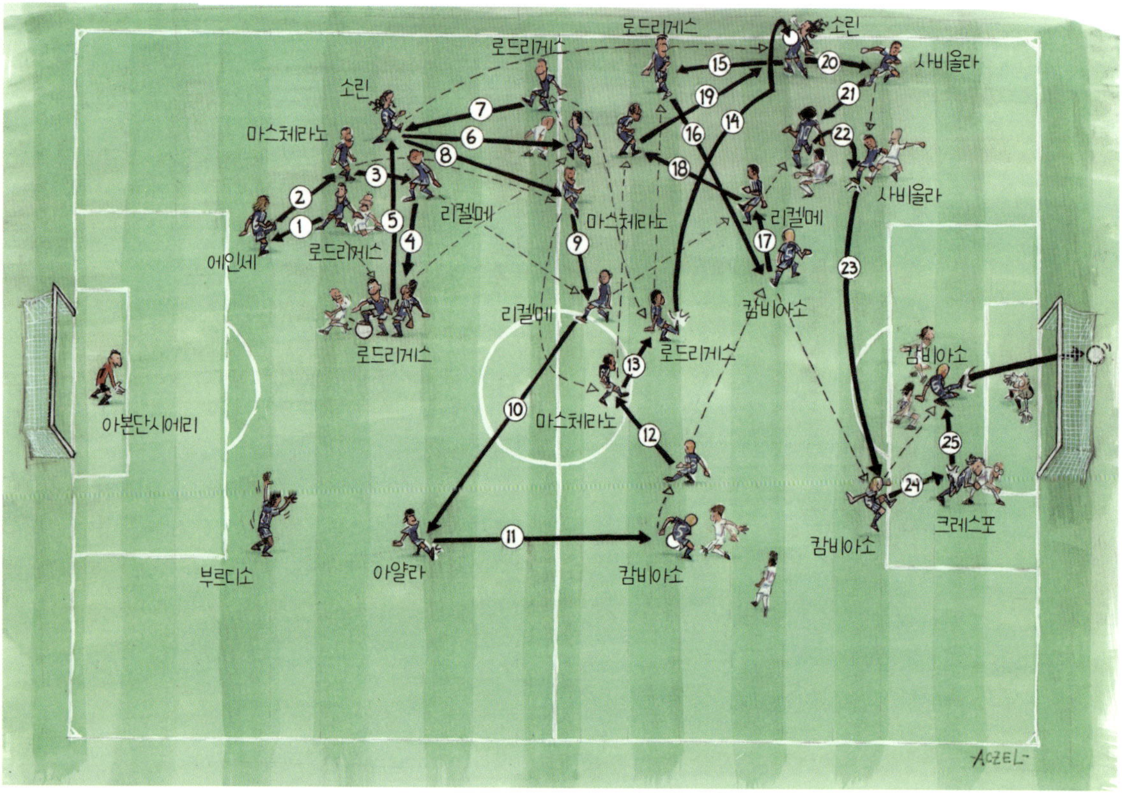

44 에스테반 캄비아소 (Esteban Cambiaso, 아르헨티나)   31분(2:0)

2006년 6월 16일, 펠틴스 아레나, 겔젠키르헨(독일)
2006 독일 월드컵, C조, 아르헨티나 6:0 세르비아 몬테네그로

기하학이 접목된 기념비적인 골

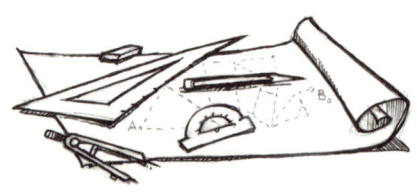

"제 골이 그렇게 특별한 골인지 몰랐습니다. 크레스포가 공을 뒤꿈치로 완벽하게 백패스 해줘서 마무리가 쉬웠다는 것만 기억날 뿐이에요…"

골키퍼와 부르디소를 제외한 아르헨티나 선수들 모두가 스물다섯 번의 패스를 주고받은 끝에, 캄비아소가 마지막으로 결정적인 슛을 날렸던 것입니다.

20년 전 마라도나가 최고의 솔로 골을 넣었다면, 이 골은 아마 월드컵 역사상 최고의 팀 골이라 할 수 있을 거예요.

45 즐라탄 이브라히모비치 (아약스)   76분 (5:1)

2004년 8월 22일, 암스테르담 아레나, 암스테르담 (네덜란드)
에레디비지에(Eredivisie, 네덜란드 프로축구 1부리그-옮긴이), 2R, 아약스 6:2 NAC 브레다

모두를 제치고 넣은 골

힘과 기술을 제대로 보여준 플레이였습니다.
"저는 그저 슛을 할 기회를, 슛을 마무리하기에 더 나은 위치를 찾고 있었을 뿐입니다. 그리고 다음 날 유벤투스로부터 계약하자는 연락을 받았죠."

즐라탄 이브라히모비치

46 디에고 아르만도 마라도나 (보카 주니어스)

67분 (3:0)

1981년 4월 10일, 라 봄보네라, 라 보카, 부에노스아이레스 (아르헨티나)
캄페오나토 메트로폴리타노, 10R. 보카 주니어스 3:0 리베르 플라테

고전 중의 고전

"저의 인생 골입니다. 저는 이 골을 정말, 정말 좋아해요. 최고로 이상적인 골을 아무리 떠올려봐도, 이보다 더 좋을 수는 없을 겁니다."

라이벌인 리베르 플라테를 상대로 넣은, 보카 주니어스로서는 잊을 수 없는 골. 마라도나는 피욜, 타란티니를 제친 것도 모자라 사진기자 한 명을 바닥에 널브러지게 하고 말았습니다. 그 사진기자는 마라도나가 세리머니를 하는 사진을 찍으려고 했어요. 비 때문에 바닥이 축축해서, 그는 그 초월적인 선수를 쫓아가려다 넘어지고 말았던 것이죠.

47 우베 젤러(Uwe Seeler, 독일)

82분(2:2)

1970년 6월 14일, 에스타디오 과나후아토, 레온(멕시코)
1970 멕시코 월드컵 8강전, 독일 3:2(연장전 후) 잉글랜드

독일 최고의 뒤통수

믿기 어렵겠지만, 골대는 젤러의 뒤에 있었습니다. 그런데도 그는 뒤통수로 골을 넣었죠. 경기는 3대 2(연장전 후)로 끝이 났습니다. 독일로서는 1966년의 패배를 완벽하게 설욕할 수 있었어요. 전성기 때 세계 최고의 센터포워드로 손꼽혔던 젤러는 현재 함부르크의 명예 시민일뿐만 아니라 프리츠 발터(Fritz Walter), 프란츠 베켄바우어(Franz Beckenbauer), 로타르 마테우스(Lothar Matthäus), 위르겐 클린스만(Jürgen Klinsmann), 필립 람(Philipp Lahm)과 함께 독일 축구국가대표팀의 명예 주장이기도 하답니다.

48   그라피테(Grafite, VfL 볼프스부르크)   77분(5:1)

2009년 4월 4일, 폴크스바겐 아레나, 볼프스부르크(독일)
분데스리가, 26R, VfL 볼프스부르크 5:1 FC 바이에른 뮌헨

최고의 기량

이 경기에서 최고로 뛰어난 실력을 보여준 VfL 볼프스부르크는 5대 1로 이기며 분데스리가 2008-09시즌 우승의 기반을 다졌습니다. 또한 이 골은 '올해의 골'로 선정되었습니다.

그라피테는 바이에른 뮌헨의 수비수들을 가볍게 제친 뒤 마침내 골문 한가운데에서 뒤꿈치로 슛을 날렸고, 이 굴욕적인 패배 때문에 당시 바이에른 뮌헨의 감독이던 위르겐 클린스만은 해고되고 말았습니다. 반면에 그라피테는 그해의 득점왕과 '올해의 선수'로 선정되었답니다.

49 호마리우(Romário, 플라멩구)   6분(2:0)

1999년 2월 7일, 파카엥부, 상파울루(브라질)
토르네이우 리오 상파울루(Torneio Rio-São Paulo, 브라질 리우데자네이루주와 상파울루주의 축구 클럽들 간의 경기-옮긴이), 코린치앙스 0:3 플라멩구

'엘라스티코'

'고무'라는 뜻의 '엘라스티코'. 히벨리누가 고안해낸 이 동작은 호나우지뉴, 호나우두, 그리고 호마리우와 같은 브라질 선수들에 의해 더 완벽해졌습니다. 이 타고난 골잡이의 위대한 플레이들을 되돌아볼 때, 이 골이 빠질 수는 없어요. 축구가 뭔지를 제대로 보여주는 골이라고나 할까요.

호마리우

50   마누엘 네그레테 (Manuel Negrete, 멕시코)   34분(1:0)

1986년 6월 15일, 에스타디오 아스테카, 멕시코시티(멕시코)
1986 멕시코 월드컵, 16강전, 멕시코 2:0 불가리아

세기의 가위 차기

만약 마라도나의 골이 '세기의 골'로 선정되지 않았더라면(5쪽), 홈팀 멕시코의 네그레테가 넣은 이 골이 적어도 1986 멕시코 월드컵 최고의 골이 되었을 거예요.

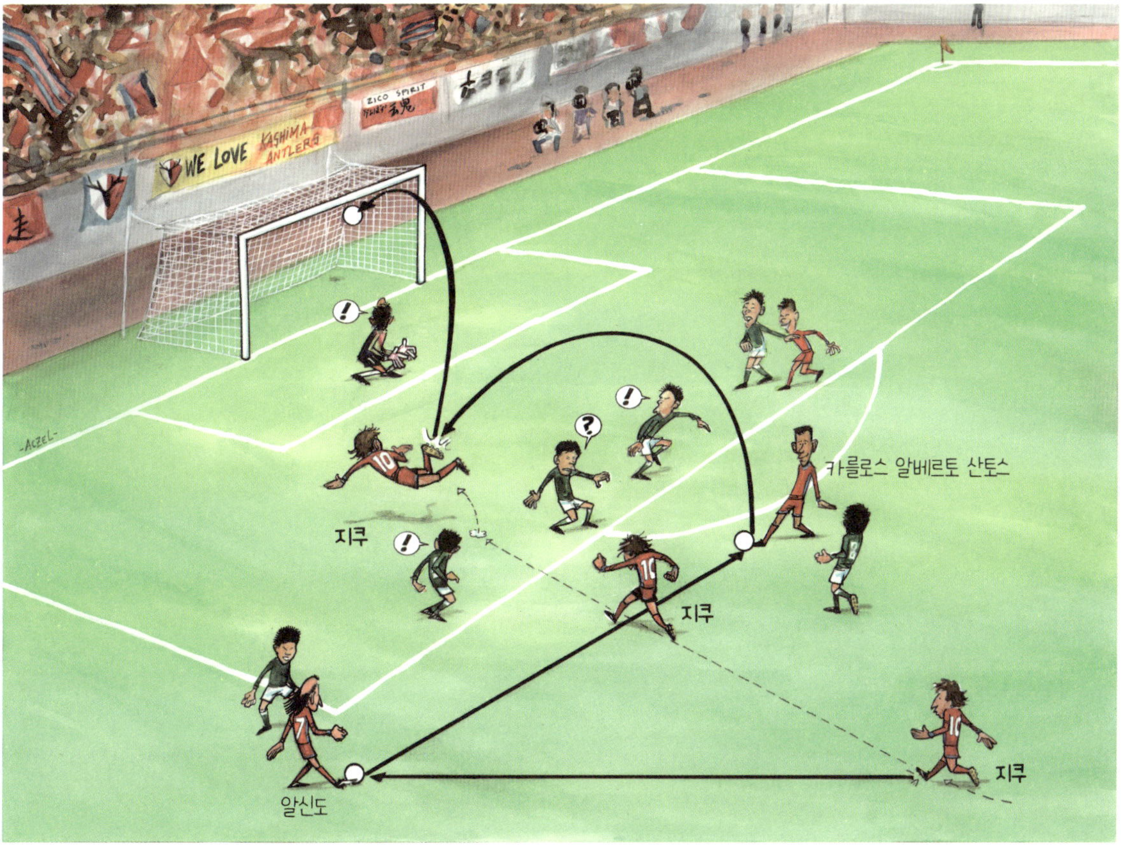

51

지쿠(Zico, 가시마 앤틀러스)   77분(5:1)

1999년 12월 11일, 가시마 사커 스타디움, 가시마, 이바라키(일본)
일본 천황컵, 2차전, 가시마 앤틀러스 6:1 도호쿠

인생은 40부터

축구 전설이라 불리는 지쿠는(스스로도 그것을 인정했다) 마흔의 나이에 전갈 킥으로 자신의 경력에서 가장 멋진 골을 넣었습니다.

52 디에고 아르만도 마라도나 (SSC 나폴리)

1985년 10월 20일, 스타디오 산 파올로, 나폴리(이탈리아)
세리에A, 7R, SSC 나폴리 5:0 엘라스 베로나 FC

마라도나, 나폴리의 숭배를 받다

베로나를 5대 0으로 이긴 골 축제에서 마라도나가 넣은 어마어마한 원거리 골. 이탈리아 북부와 남부 사이의 격차는 아주 컸습니다. 마라도나는 불굴의 의지로 자신의 클럽에 희망과 환희를 안겨주었고, 나폴리에는 마라도나를 지지하는 두터운 팬층까지 생겨났습니다. 오늘날까지도 그는 아르헨티나에서와 마찬가지로 나폴리에서도 숭배를 받고 있답니다.

53

귄터 네처(Günter Netzer, 보루시아 묀헨글라트바흐)   42분(2:1)

1973년 3월 20일, 뵈켈베르크 슈타디온, 묀헨글라트바흐(독일)
UEFA(유럽축구연맹)컵, 8강전, 2차전, 보루시아 묀헨글라트바흐 7:1 1. FC 카이저슬라우테른

제비족

귄터 네처는 1973년 최고의 골을 넣었습니다. 당시 그는 이미 화려한 사생활로 유명했어요. 카리스마가 넘치는 장발 스타일이었던 그는 파티광이었으며, 곁에는 항상 멋진 자동차와 여자들이 있었습니다. 나중에는 게르하르트 델링(Gerhard Delling)과 티브이 중계에서 호흡을 맞추었는데, 그들만의 신랄한 유머와 지식은 오랫동안 축구 팬들을 즐겁게 해주었죠. 그는 독일 축구 선수로서는 최초로 레알 마드리드와 계약을 맺기도 했답니다.

54 넬리뉴(Nelinho, 브라질)

64분(1:1)

1978년 6월 24일, 에스타디오 모누멘탈, 부에노스아이레스(아르헨티나)
1978 아르헨티나 월드컵, 3위 결정전, 브라질 2:1 이탈리아

그래, 이게 브라질다운 골이지

브라질 선수들이 발등 바깥쪽을 가장 잘 쓴다는 건 이미 입증된 사실입니다. 골도 발등 바깥쪽으로 넣을 수 있다면 얼마나 좋을까요? 넬리뉴는 바로 이 기술로 멋진 골을 넣었습니다. 1978 아르헨티나 월드컵에서 가장 기억에 남는 장면들 중 하나랍니다.

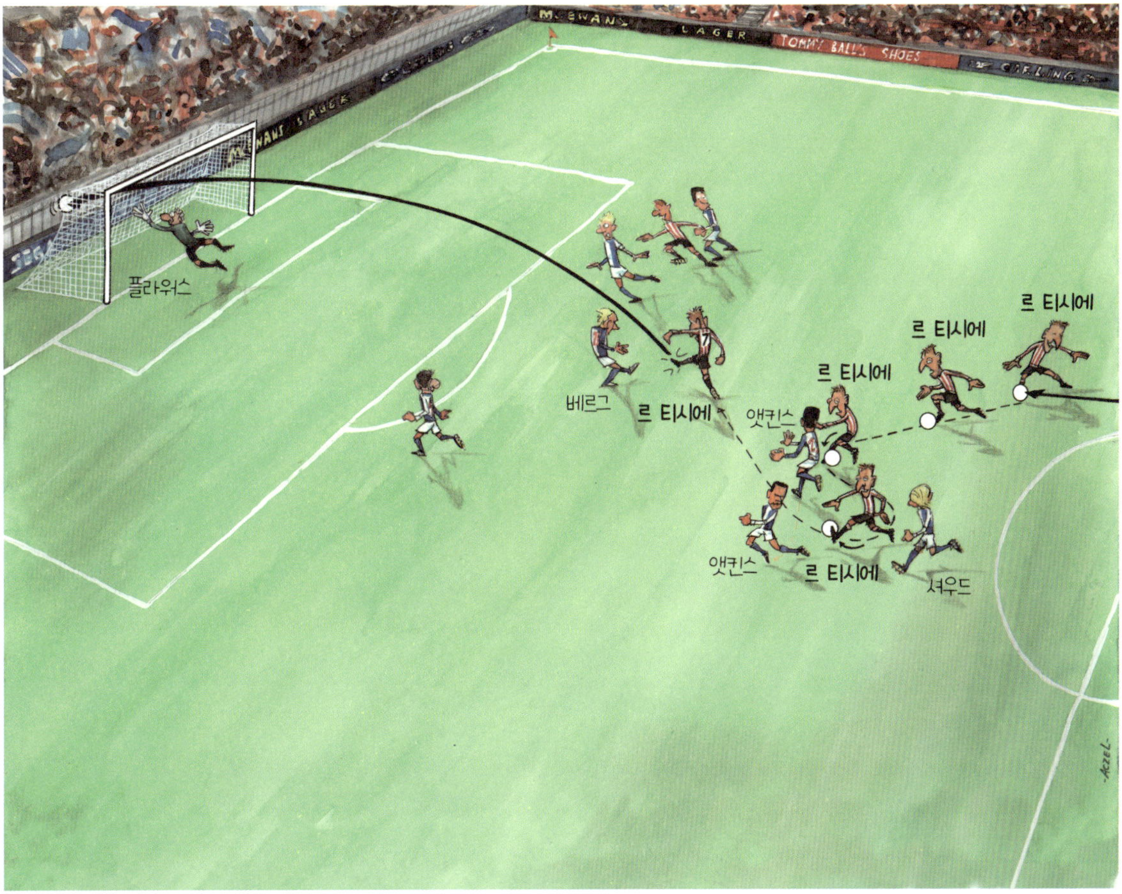

55 매트 르 티시에 (Matt Le Tissier, 사우스햄튼)   78분(3:2)

1994년 12월 10일, 이우드 파크, 블랙번, 랭커셔(잉글랜드)
프리미어리그, 18R, 블랙번 로버스 3:2 사우스햄튼

골인이 습관

멋진 골을 넣는다는 건 르 티시에에게는 그저 일상일 뿐이었습니다.
그는 사비(Xavi)의 어린 시절 우상이기도 하답니다.

56 마시모 마카로네(Massimo Maccarone, 시에나) 66분(1:0)

2009년 12월 13일, 스타디오 아르테미오 프란키, 시에나(이탈리아)
세리에A, 16R, 시에나 2:1 우디네세

마시모 마카로네

크로스로 골인

다들 마카로네가 크로스를 할 거라고 생각했지만, 그는 곧장 슛을 날렸습니다. 꿈같은 골이었죠.

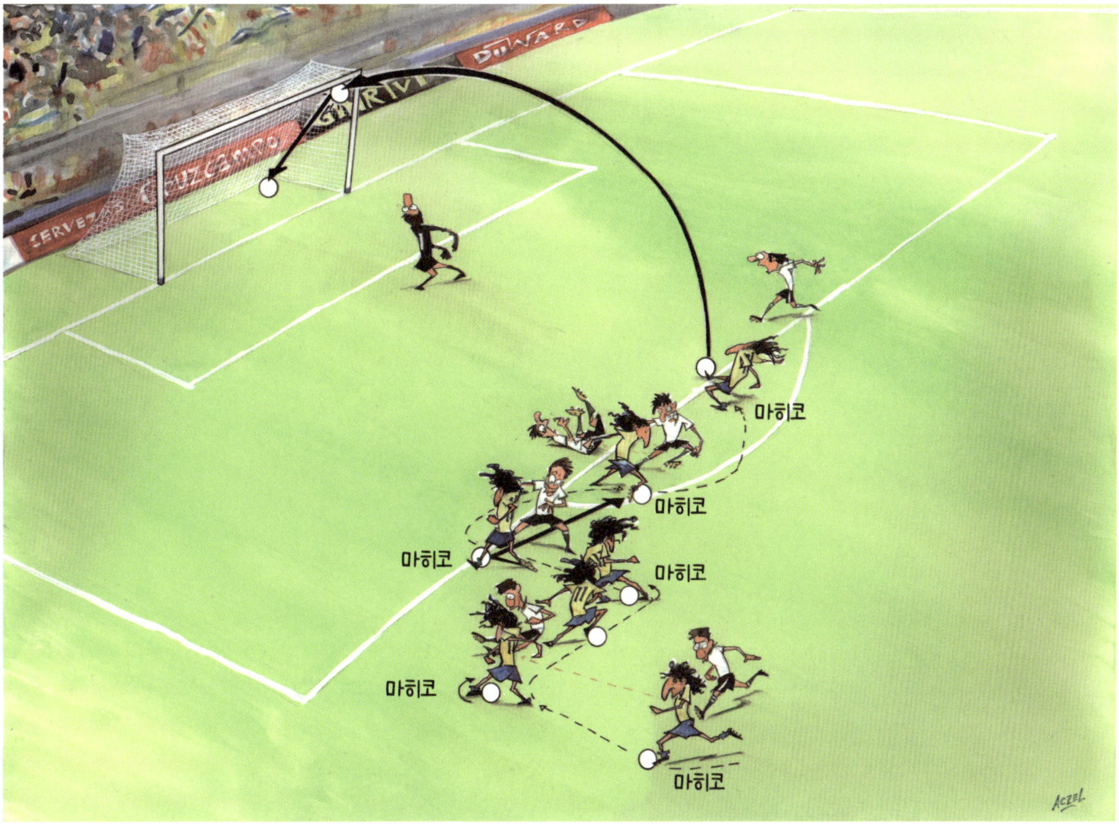

57 호르헤 '마히코' 곤살레스 (Jorge 'Mágico' Gonzalez, 카디스 CF)   69분(3:0)

1986년 9월 14일, 에스타디오 라몬 데 카란사, 카디스, 안달루시아(스페인)
라리가, 4R, 카디스 CF 3:0 라싱 산탄데르

길거리 축구 그 자체

카디스 CF 역사상 최고의 스타이자, 엘살바도르 최고의 축구 선수는 이렇게 말했습니다. "저는 성인군자도 아니고, 파티를 좋아해요. 또 제가 무책임하고 프로답지 않다는 것도 잘 알죠. 축구를 직업으로 여기기는 싫어요. 만약 그렇다면 더 이상 제가 아닐 테니까요. 저는 오로지 재미를 위해서 축구를 하는 거예요." 이 골은 그의 삶의 철학을 그대로 보여주었답니다.

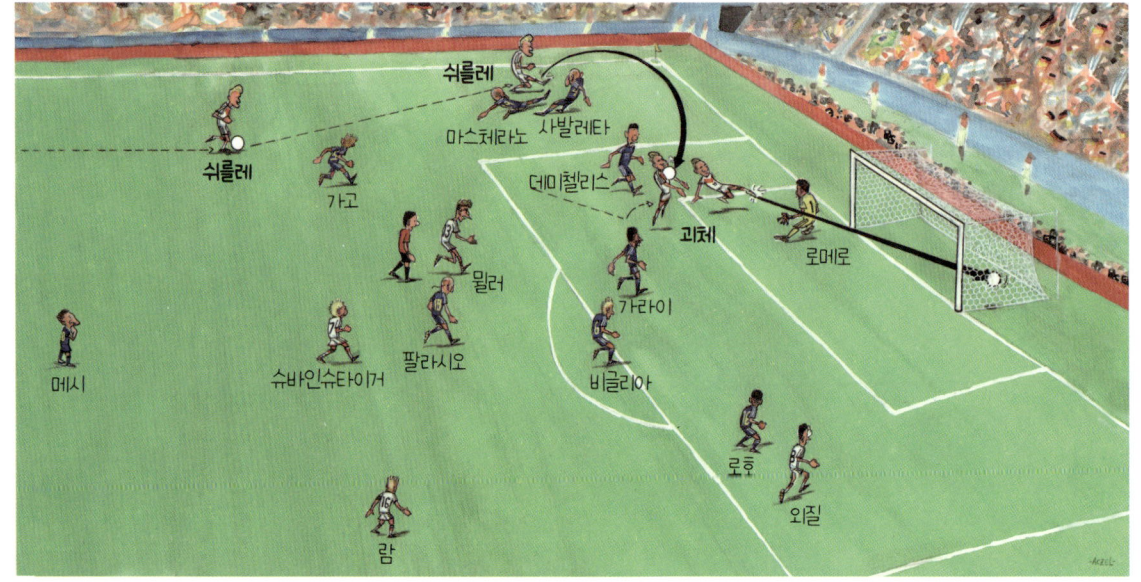

58 마리오 괴체 (Mario Götze, 독일)   113분 (1:0)

2014년 7월 13일, 이스타지우 두 마라카낭, 리우데자네이루(브라질)
2014 브라질 월드컵, 결승전, 독일 1:0(연장전 후) 아르헨티나

골을 넣어라!

괴체는 딱 적절한 시점에, 딱 적절한 위치에 있었습니다. 수십 년에 한 번 나올까 말까 한 이 골로 그는 독일에 네 번째 월드컵 우승을 안긴 국민 영웅이 되었답니다!

59 카카(Kaká, AC 밀란) 37분(1:2)

2007년 4월 24일, 올드 트래퍼드, 맨체스터(잉글랜드)
챔피언스리그, 준결승전, 1차전, 맨체스터 유나이티드 3:2 AC 밀란

아야!

카카는 헤딩, 수비수 머리 위로 공 넘기기, 그리고 또 한 번의 능수능란한 헤딩으로 에인세와 에브라를 서로 충돌시킨 다음 홀로 골문 앞으로 달려가 마침내 골을 넣었습니다.

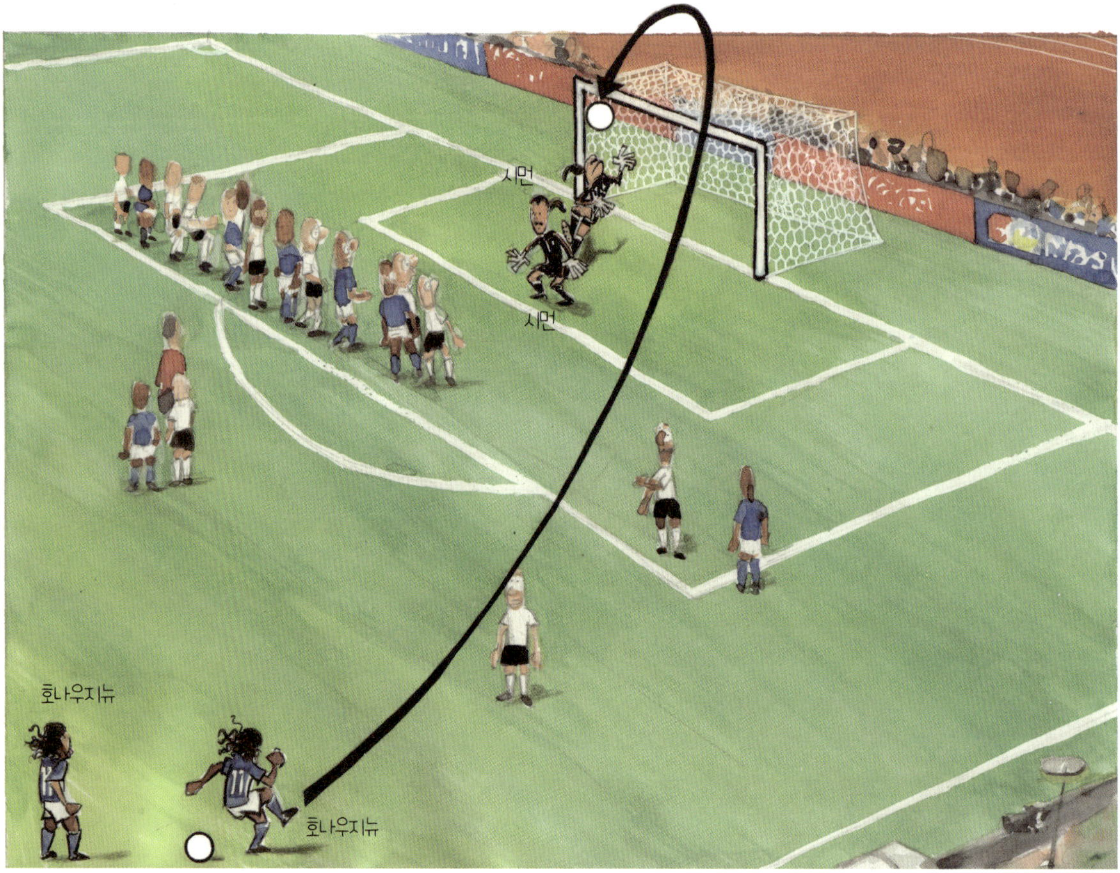

60 호나우지뉴(브라질)

50분(2:1)

2002년 6월 21일, 시즈오카 에코파 스타디움, 후쿠로이, 시즈오카현(일본)
2002 한일 월드컵, 8강전, 브라질 2:1 잉글랜드

크로스 프리킥

골키퍼 데이비드 시먼은 뛰어난 브라질 선수가 곡선 프리킥으로 찬 공을 잡으려 서둘러 쫓아갔지만, 소용없는 일이었습니다.

61

안드레스 바스케스(Andrés Vásquez, IFK 예테보리)   70분(0:4)

2007년 5월 7일, 베른 아레나, 외레브로(스웨덴)

스웨덴 알스벤스칸(Allsvenskan, 스웨덴 프로축구 1부리그-옮긴이), 5R, 외레브로 SK 0:4 IFK 예테보리

라보나 골

안드레스 바스케스와 그의 라보나(rabona, 다리를 X자로 꼰 자세로 공을 차는 기술-옮긴이) 골은 유튜브라는 강력한 매체를 통해 널리 알려지게 되었습니다.

62 지오바니 판 브롱크호르스트(Giovanni Van Bronckhorst, 네덜란드)   18분(1:0)

2010년 7월 6일, 케이프타운 스타디움, 케이프타운(남아프리카 공화국)
2010 남아공 월드컵, 준결승전, 네덜란드 3:2 우루과이

오렌지 포탄

네덜란드 팀의 주장 브롱크호르스트는 월드컵 준결승전에서 엄청난 원거리 골을 넣었습니다. 35세였던 그는 이 다음 경기를 끝으로 네덜란드 대표팀에서 은퇴했답니다.

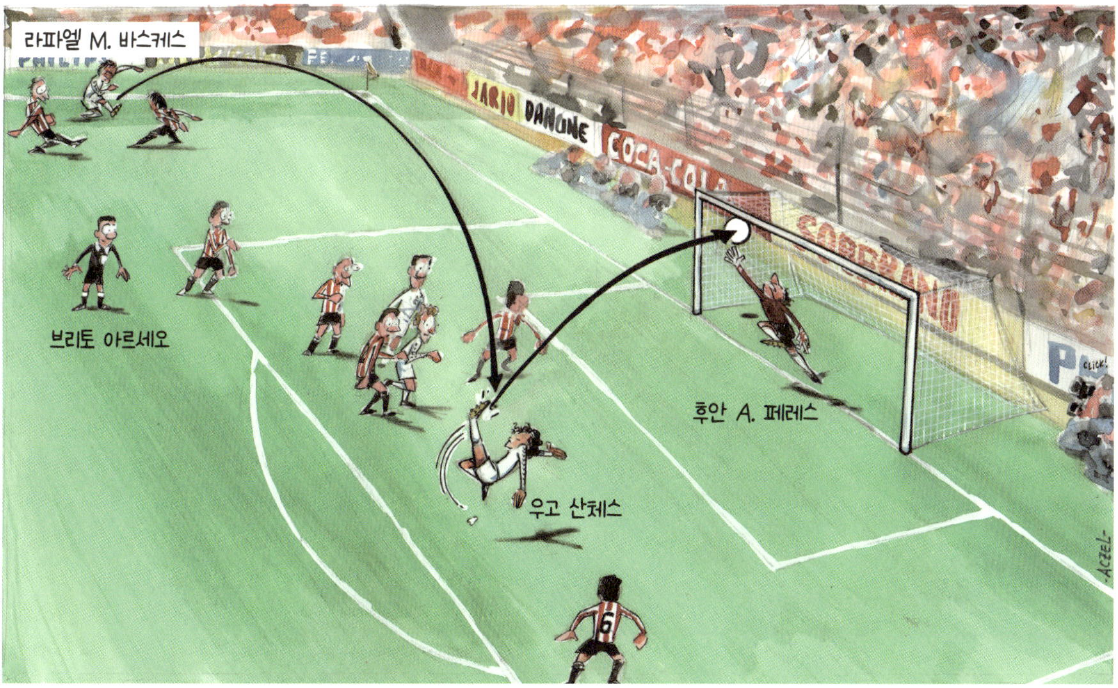

63

우고 산체스(Hugo Sánchez, 레알 마드리드) 9분(1:0)

1988년 4월 9일, 에스타디오 산티아고 베르나베우, 마드리드(스페인)
라리가, 32R, 레알 마드리드 2:0 CD 로그로녜스

이루어진 꿈

"그건 저의 인생 골이었습니다. 어렸을 적 꿈꿨던, 그런 골이었죠. 오버헤드킥을 좋아하셨던 아버지는 나이가 드신 뒤에도 친구들과 축구를 할 때 항상 그걸 시도하셨어요. 그래서 저도 아버지를 위해 연습했죠. 제 축구 경력에서 더 없이 좋은 시기에 아버지와 베르나베우 스타디움에 있던 모든 사람들 앞에서 그런 오버헤드킥을 해내다니, 결코 잊지 못할 겁니다."

우고 산체스

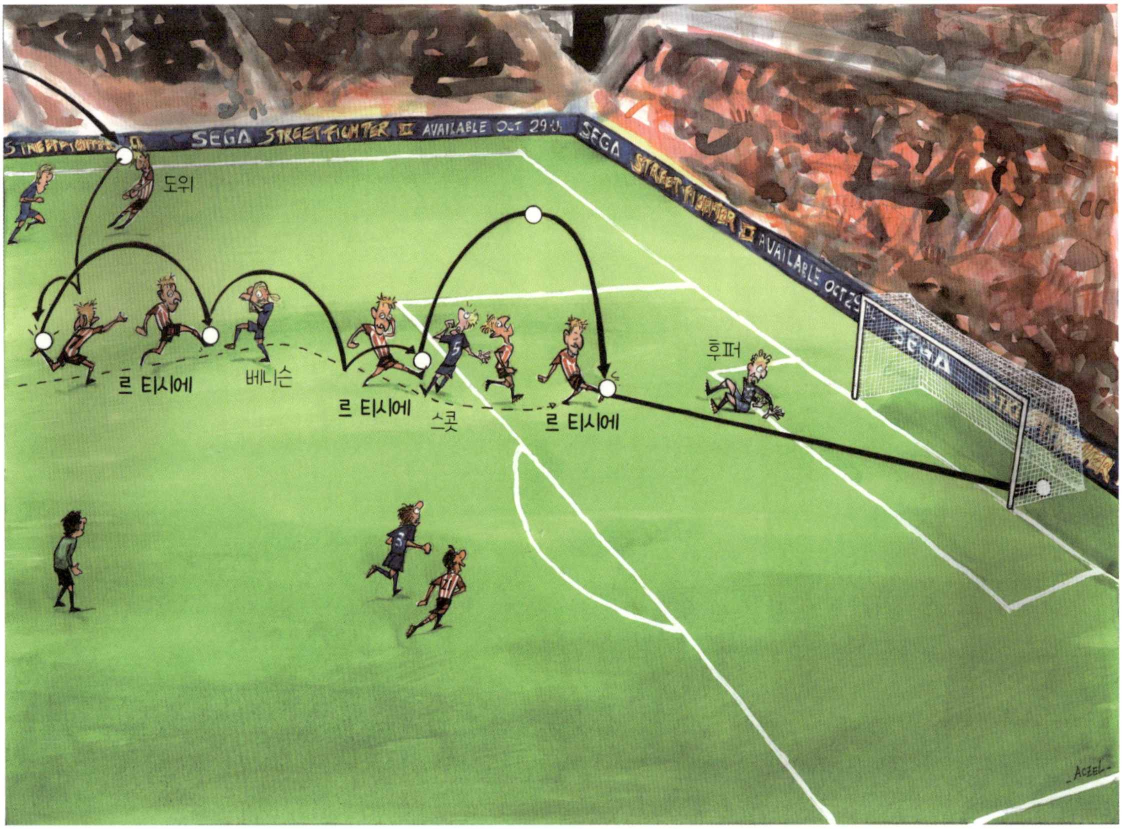

64 매트 르 티시에(사우샘튼) 62분(1:0)

1993년 10월 24일, 더 델, 사우샘튼(잉글랜드)
프리미어리그, 12R, 사우샘튼 2:1 뉴캐슬 유나이티드

이번에도 골인

르 티시에는 지치지 않고 계속 꿈의 골들을 넣었습니다.
이 골 역시 이 호감형 미드필더가 넣은 또 하나의 골이랍니다.

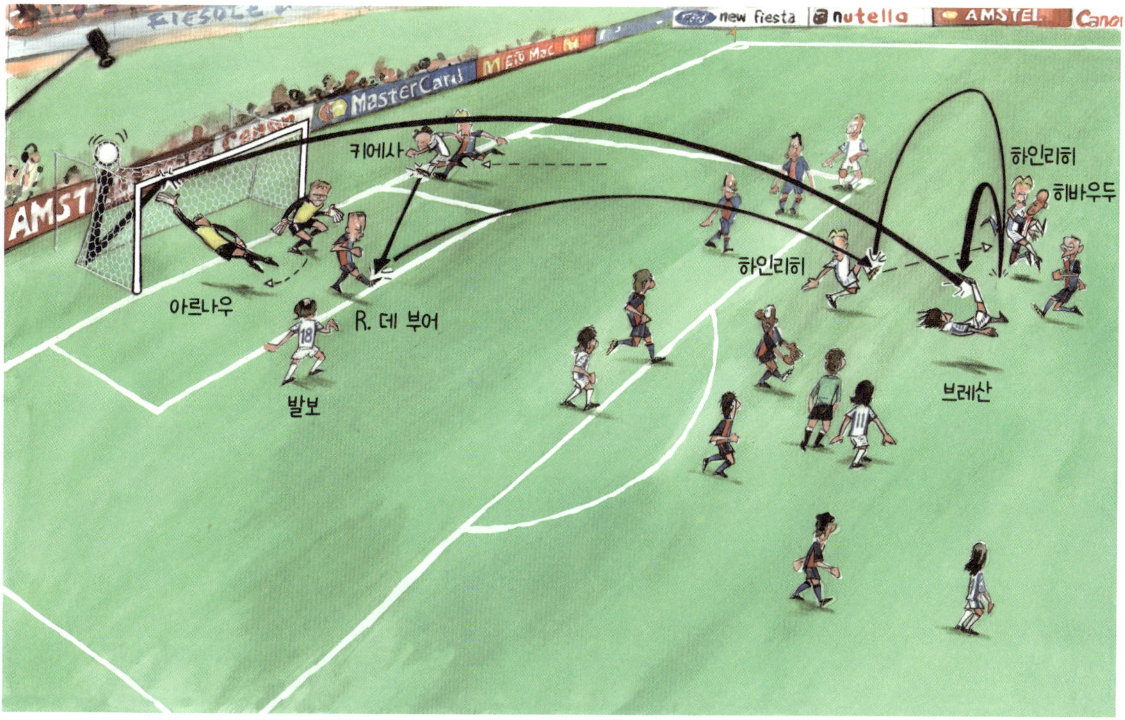

65 마우로 브레산 (Mauro Bressan, ACF 피오렌티나)

14분(1:0)

1999년 11월 2일, 스타디오 아르테미오 프란키, 피렌체(이탈리아)
챔피언스리그, B조, ACF 피오렌티나 3:3 FC 바르셀로나

양보다는 질

브레산은 비록 현역 때 많은 골을 넣지는 못했지만, 이 골은 챔피언스리그 역사상 최고의 골로 손꼽힙니다.

66 디에고 아르만도 마라도나 (SSC 나폴리)   72분(1:0)

1985년 11월 3일, 스타디오 산 파올로, 나폴리(이탈리아)
세리에A, 9R, SSC 나폴리 1:0 유벤투스

플라티니가 마라도나에게 박수갈채를 보낸 날

세리에A가 세계 최고의 리그로 여겨지던 시절 나폴리에서 마라도나가 넣은, 아주 중요한 골이었습니다. 빈 공간도 없이 찬 간접 프리킥이었죠. 그런데도 마라도나는 마법 같은 왼발로 골문 구석에 공을 정확히 꽂아 넣었습니다. 플라티니마저도 그에게 박수갈채를 보냈답니다.

67

사무엘 에투(Samuel Eto'o, FC 바르셀로나)

2005년 11월 2일, 캄 노우, 바르셀로나(스페인)
챔피언스리그, C조, FC 바르셀로나 5:0 파나시나이코스 FC

65분(5:0)

아름다운 플레이

메시의 패스를 받은 에투는 골대 좀 더 가까이로 가서 골을 넣을 수도 있었습니다. 하지만 그는 멀리서 골키퍼 머리 위로 골을 넣는 쪽을 택했답니다.

에투

68 손흥민(토트넘 홋스퍼) 32분(3:0)

2019년 12월 12일, 토트넘 홋스퍼 스타디움, 런던(잉글랜드)
프리미어리그, 16R, 토트넘 홋스퍼 5:0 번리

소오오오오오온!!!!

손흥민의 70미터 골은 피파로부터 매력적이라는 찬사를 받았으며, 2019년 최고의 골로 선정되어 푸스카스상을 수상했습니다.

그는 자기 팀 페널티 에어리어에서 공을 받은 뒤 전속력으로 경기장 끝까지 달려 슛을 날렸습니다. 이 12초간의 솔로 플레이는 그의 이름을 온 세상에 알렸답니다.

69 패트릭 쉬크(Patrik Schick, 체코)   42분(0:1)

2021년 6월 14일, 햄든 파크, 글래스고(스코틀랜드)
유로 2020, D조, 1R, 스코틀랜드 0:2 체코

쉬크의 시크한 골

대회가 시작된 지 얼마 안 되었을 때였습니다. 체코의 쉬크가 하프라인에서 골문을 향해 공을 찼습니다. 공은 높은 아치를 그리며 글래스고의 하늘을 가로지르더니, 너무 늦게 골문으로 되돌아 간 스코틀랜드 골키퍼의 뒤쪽으로 떨어지며 골인되었습니다. "우리는 이미 대회 최고의 골을 본 게 분명했습니다. 그 누구도 그 골을 이기려고 시도할 필요가 없었죠", 경기 후 팀 동료는 치밀하게 계산된 쉬크의 천재적 행동에 대해 이렇게 말했습니다. 그리고 그 골은 정말 대회 최고의 골이 되었답니다.

70

크리스토퍼 드라잔(Christopher Drazan, SK 라피트 빈)   19분(1:1)

2011년 10월 26일, 게르하르트 하나피 슈타디온, 빈(오스트리아)
오스트리아축구협회(ÖFB) 삼성 컵, 16강전, SK 라피트 빈 1:2(연장전 후) SV 요스코 리트

잘 배운 코너킥

잘 배워서 완벽하게 넣은 코너킥.

71 팔캉(Falcão, SC 인테르나시오나우) — 90분(2:1)

1976년 12월 5일, 이스타지우 베이라 히우, 포르투 알레그리(브라질)
캄페오나투 브라질레이루, 준결승전, SC 인테르나시오나우 2:1 아틀레치쿠 미네이루

좋은 샴푸의 힘

브라질 SC 인테르나시오나우 역사상 최고의 골은 공이 세 번 연달아 헤딩으로 패스된 끝에 탄생했습니다.

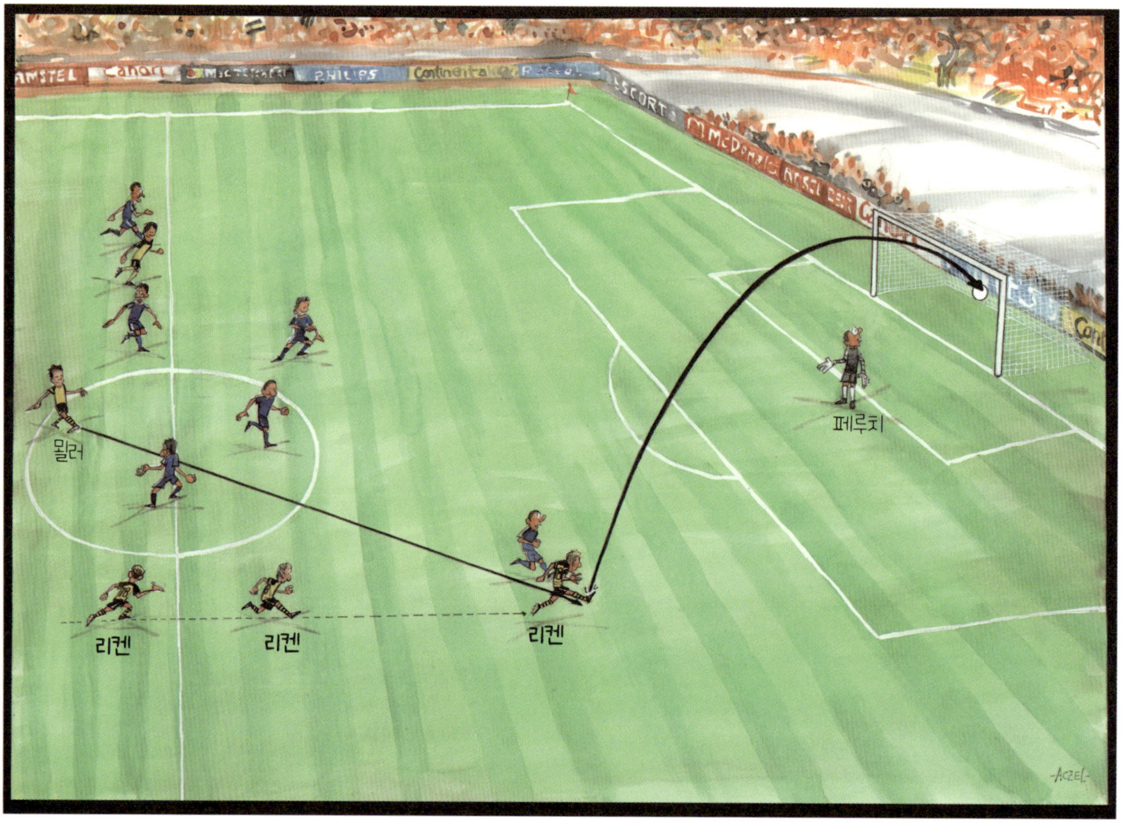

72 라르스 리켄 (Lars Ricken, 보루시아 도르트문트)

71분 (3:1)

1997년 5월 28일, 올림피아 슈타디온, 뮌헨(독일)
챔피언스리그, 결승전, 보루시아 도르트문트 3:1 유벤투스

BVB*의 세기의 골

스무 살인 리켄이 교체 투입된 지 16초 만에 첫 볼 터치로 거의 30미터 거리에서 넣은 이 골은, 챔피언스리그 결승전에서 결정적인 역할을 하며 강적 유벤투스를 무너뜨렸습니다. 그는 벤치에 앉아 있던 70분간 경기를 지켜보며, 골키퍼가 가끔 골문을 벗어나는 것을 보았습니다. "그래서 '공을 받기만 하면 어디 서 있든지 슛을 날려야겠다'고 생각했어요." 그러고 결국 그는 그렇게 했습니다. "아직까지도 그 골을 지켜본 팬들의 다양한 이야기를 듣는 걸 즐깁니다. 현역에 있을 때 그들에게 잊지 못할 순간을 남겨준 것 같아 기분이 아주 좋아요."

* 보루시아 도르트문트의 약칭-옮긴이

73 폴 스콜스(Paul Scholes, 맨체스터 유나이티드) 14분(1:0)

2008년 4월 29일, 올드 트래퍼드, 맨체스터(잉글랜드)
챔피언스리그, 준결승전, 2차전, 맨체스터 유나이티드 1:0 FC 바르셀로나

굉장한 골

스콜스는 골을 많이 넣지는 않았지만, 넣었다 하면 대부분 극적인 원거리 슛이었습니다. 바르셀로나를 상대로 넣은 이 골은 결승전 진출을 결정 지은 열쇠가 되었죠.

폴 스콜스

74

크리스티안 차베스(Cristian Chávez, 아틀레티코 투쿠만) 58분(0:1)

2011년 3월 1일, 에스타디오 후안 도밍고 페론, 코르도바(아르헨티나)
프리메라 B 나시오날(Primera B Nacional, 아르헨티나 프로축구 2부리그-옮긴이), 22R, 인스티투토 데 코르도바 0:1 아틀레티코 투쿠만

1부리그

아르헨티나 2부리그의 골이 이 명단의 한 자리를 차지하려면 아주 특별한 골이어야 합니다. 그리고 이 골은 의심의 여지없이 그랬습니다. 차베스는 수비수 한 명을 제친 뒤, 한 번도 아니고 두 번이나 공을 상대 팀 선수의 다리 사이로 통과시켰고, 마지막으로 골키퍼 5미터 앞에서 그의 머리 위를 훌쩍 넘기는 탁월한 슛으로 골을 넣었답니다.

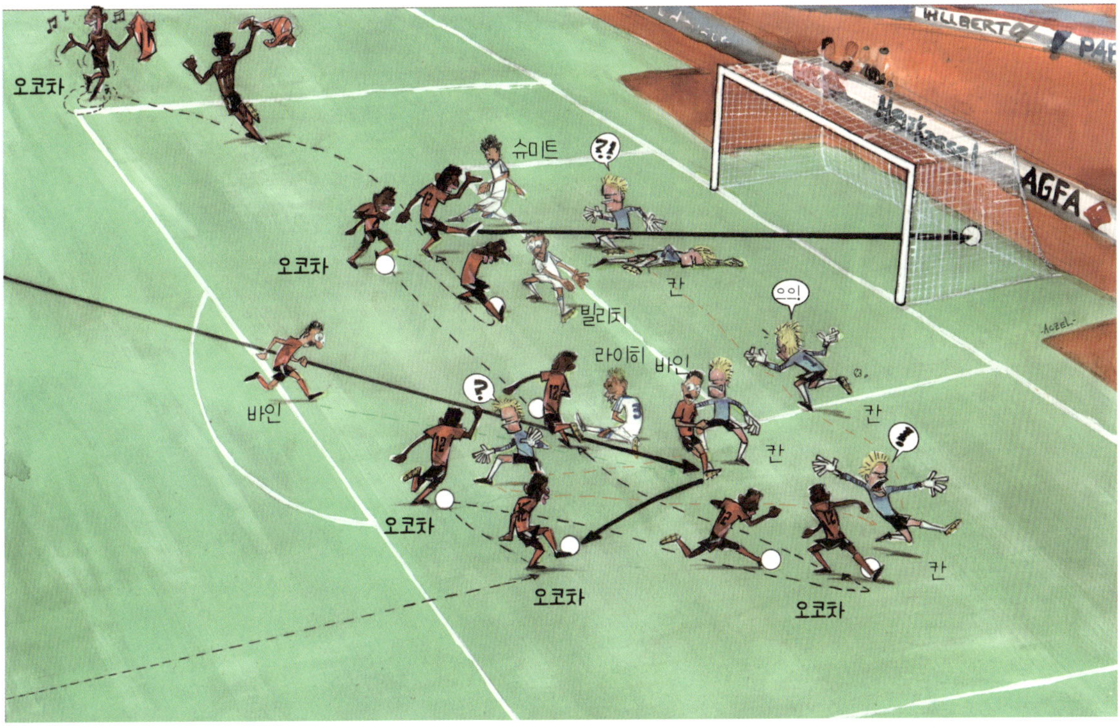

75

제이 제이 오코차(Jay-jay Okocha, 아인트라흐트 프랑크푸르트)　　　　87분(3:1)

1993년 8월 31일, 발트슈타디온, 프랑크푸르트(독일)
분데스리가, 5R, 아인트라흐트 프랑크푸르트 3:1 칼스루에 SC

"난 아직도 어지럽다." (올리버 칸, Oliver Kahn)

오코차는 춤을 추듯 기막힌 플레이로 칸과 수비수 세 명의 기를 꺾어버렸습니다. 철벽 수문장이라 불리는 세계적인 골키퍼 칸은 그런 굴욕에도 불구하고 화를 내지 않고 축하를 해주었죠. 20년 뒤 칸은 여유롭게 말했습니다. "제이 제이의 골은 천재적이었습니다. 또 그 일을 계기로 제가 얼마나 민첩한지도 알게 되었죠. 위, 아래, 다시 위, 다시 아래. 진짜 빨랐다니까요! 저는 아직도 어지러운 기분이에요."

이 골은 아인트라흐트 프랑크푸르트 최고의 골일 뿐만 아니라, 칸을 상대로 넣은 골들 중에서도 최고였답니다.

76 알란 라븐 (Allan Ravn, 브뢴뷔 IF) — 90분 (2:1)

1998년 9월 16일, 브뢴뷔 스타디온, 코펜하겐(덴마크)
챔피언스리그, D조, 브뢴뷔 IF 2:1 FC 바이에른 뮌헨

팬들을 위해

"경기 87분에 제가 공을 받았을 때, 팬들은 바이에른 뮌헨 같은 대단한 팀과 비기고 있다는 것만으로도 축제 분위기였습니다", 덴마크 출신인 라븐은 이렇게 회상합니다. "마지막 수비수까지 제칠 힘이 남아 있지 않았던 저는 골문에서 조금 앞으로 나와 있던 칸의 머리 위로 슛을 날리기로 마음먹었어요. 공은 그대로 골문 위쪽 구석으로 들어갔고, 경기장에서는 함성이 폭발했습니다. 요즘에도 덴마크에서 거리를 걷다 보면 그 골을 기억하는 사람들이 저를 붙잡는답니다."

77

거스 포옛 (Gus Poyet, 첼시 FC)   77분(4:0)

1999년 8월 7일, 스탬퍼드 브릿지, 풀햄, 런던(잉글랜드)
프리미어리그, 1R, 첼시 FC 4:0 선덜랜드 AFC

"아직 한 번도 해보지 않았던 시도였다."

"훈련 중에도 그런 슛은 할 수 없었을 겁니다. 가위차기라고 해야 하나요? 아무튼 그런 슛을 하려고 한 건 그때가 처음이었어요. 사실 제가 선호하는 건 좀 더 중요하고 결정적인 골들이죠. 하지만 골 세리머니 때 팀 동료들이 보인 반응은 결코 잊지 못할 겁니다. 다들 웃으며 '맙소사, 방금 뭘 한 거야?'라고 말했으니까요."

포옛

78

트레버 싱클레어 (Trevor Sinclair, 퀸즈 파크 레인저스)   74분 (3:1)

1997년 1월 25일, 로프터스 로드 스타디움, 화이트 시티, 런던 (잉글랜드)
FA컵, 본선 4라운드, 퀸즈 파크 레인저스 3:2 반슬리 FC

와우!

곡예 같은 골을 좋아하는 팬들이 마음에 들어 할 만한 또 하나의 오버헤드킥 골. 싱클레어는 이 골을 페널티 에어리어 밖에서 넣었답니다.

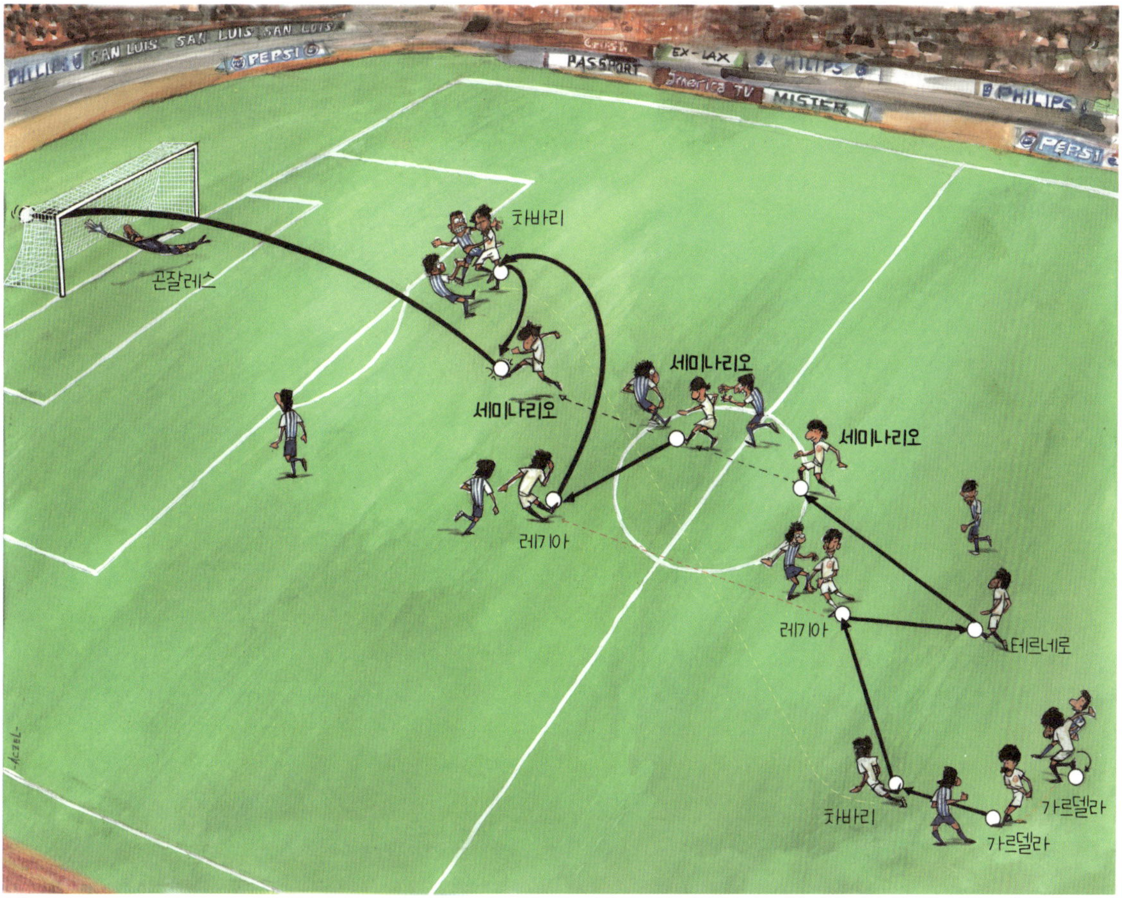

79 미겔 세미나리오(Miguel Seminario, 우니베르시타리오)   89분(2:1)

1983년 6월 29일, 에스타디오 나시오날, 리마(페루)
토르네오 데센트랄리사도(Torneo Descentralizado, 페루 프로축구 1부리그-옮긴이), 11R, 우니베르시타리오 2:1 알리안사 리마

영화의 한 장면 같은 멋진 골

90년 넘게 이어져 온 페루 최대의 더비 매치에서는 900개가 넘는 골이 터졌습니다. 하지만 그중 한 골은 유독 대단했죠. 미겔 세미나리오의 골은 '엘 클라시코 페루아노(El Clasico Peruano)' 역사상 최고의 골이라 불린답니다.

80 다니엘 심메스(Daniel Simmes, 보루시아 도르트문트)   63분(1:0)

1984년 10월 5일, 베스트팔렌슈타디온, 도르트문트(독일)
분데스리가, 7R, 보루시아 도르트문트 2:1 바이엘 04 레버쿠젠

인생 골

심메스는 18세의 나이에 그의 선수 인생 최고의 골을 멋지게 성공시켰습니다. 이 골은 그가 분데스리가에서 넣은 첫 골이었을 뿐만 아니라 1984년 최고의 골이 되었습니다. 이로써 그는 2:1로 승리하는 데에도 결정적인 역할을 했죠. 3개월 전에 심메스에게 계약을 제안했던 바르셀로나는 이 경기 후 한 번 더 그에게 러브콜을 보냈습니다. 하지만 그는 도르트문트를 떠날 생각이 없었어요. 그런데 이후 몇 년간 점차 기량이 떨어진 그는 결국 완전히 몰락하고 말았답니다. 선천성 부정맥 때문에 신체적 능력을 충분히 발휘할 수가 없었던 거예요. 심메스는 이렇게 말합니다. "저에게는 사랑스러운 아내와 예쁜 두 아이들이 있으니 괜찮아요. 얻는 것이 있으면 잃는 것도 있는 법이죠."

81 네이마르(Neymar, FC 바르셀로나)   85분(3:0)

2015년 11월 8일, 캄 노우, 바르셀로나(스페인)
라리가, 11R, FC 바르셀로나 3:0 비야레알 CF

네이마르의 레인보우 킥

이 골은 플레이스테이션 게임으로는 넣기가 불가능합니다. 이런 동작 자체가 있을 수 없기 때문이죠. 브라질 최고의 선수가 만들어낸 아주 멋진 기술이랍니다.

82 에릭 라멜라(Erik Lamela, 토트넘 훗스퍼)   33분(0:1)

2020년 3월 14일, 에미레이츠 스타디움, 런던(잉글랜드)
프리미어리그, 28R, 아스널 2:1 토트넘 훗스퍼

다리 사이로 넣은 라보나 킥

프리미어리그에서 '시즌 최고 골'로 선정된 마법 같은 골이었습니다. 에릭 라멜라는 토마스의 다리 사이로 공을 차서 골문 먼 구석으로 멋지게 골을 넣었습니다. 게다가 그건 라보나 킥이었죠. 결국 토트넘은 경기에서 졌고 라멜라는 퇴장을 당했지만, 그러면 좀 어때요?

83 칼 하인츠 루메니게 (Karl-Heinz Rummenigge, FC 바이에른 뮌헨) 57분(4:0)

1981년 7월 19일, 알터 티볼리, 아헨(독일)
아헨 축구 토너먼트, FC 바이에른 뮌헨 5:1 클뤼프 브뤼헤 KV

도발적인 쿨 가이

클뤼프 브뤼헤 KV의 골키퍼를 능수능란하게 제친 루메니게는 골라인 앞에서 느긋하게 여유를 부리며 주위를 둘러보면서, 공을 높이 띄워 머리로 슬쩍 쳐서 골 인시키고는 도발적으로 쌩하니 걸어 가버렸습니다. 당시에는 스포츠 정신에 어긋난 무례한 행동이라는 문제 같은 건 불거지지 않았죠. 오히려 그의 '조롱 골'은 1981년 7월에 '이달의 골'로 선정되며 칭찬을 받았습니다.

요즘 그런 행동을 한다면 많은 이들의 화를 불러일으킬 테지만, 바로 그런 '동네 축구'와 같은 플레이가 축구를 더 재미있게 만드는 것 아니겠어요?

84

미하엘 발락(Michael Ballack, 독일)　　　　　　　　　　　　　49분(0:1)

2008년 6월 16일, 에른스트 하펠 슈타디온, 빈(오스트리아)
유로 2008, B조, 오스트리아 0:1 독일

온 힘을 다해

독일 팀은 다음 라운드 진출을 위해 반드시 이겨야 하는 상황이었습니다. 지난 경기에서 크로아티아에 패해 탈락 위기에 처해 있었죠. 예상대로 경기는 힘든 싸움이었습니다. '엘 카피타노(el Capitano, 발락의 별명-옮긴이)'의 프리킥은 어떤 감각이나 스핀을 이용한 것이 아니라, 순전히 힘으로 25미터를 날아가 오스트리아의 골문 오른쪽 위를 강타했답니다.

85 에데르(Éder, 포르투갈)   109분(1:0)

2016년 7월 10일, 스타드 드 프랑스, 파리(프랑스)
유로 2016, 결승전, 포르투갈 1:0(연장전 후) 프랑스

크리스티아누 호날두의 공동 감독

이 결승골은 연장전이 되어서야 터졌습니다. "이 골을 저의 멘탈 트레이너에게 바칩니다." 에데르가 낮게 깔아 찬 슛으로 24미터 거리에 있는 골문에 때려 넣으리라고는 아무도 예상치 못했죠.

잊지 못할 일은, 부상을 당해 경기장 밖에 있던 호날두가 온 심혈과 열정을 쏟아부어 팀을 격려하는 모습이었답니다.

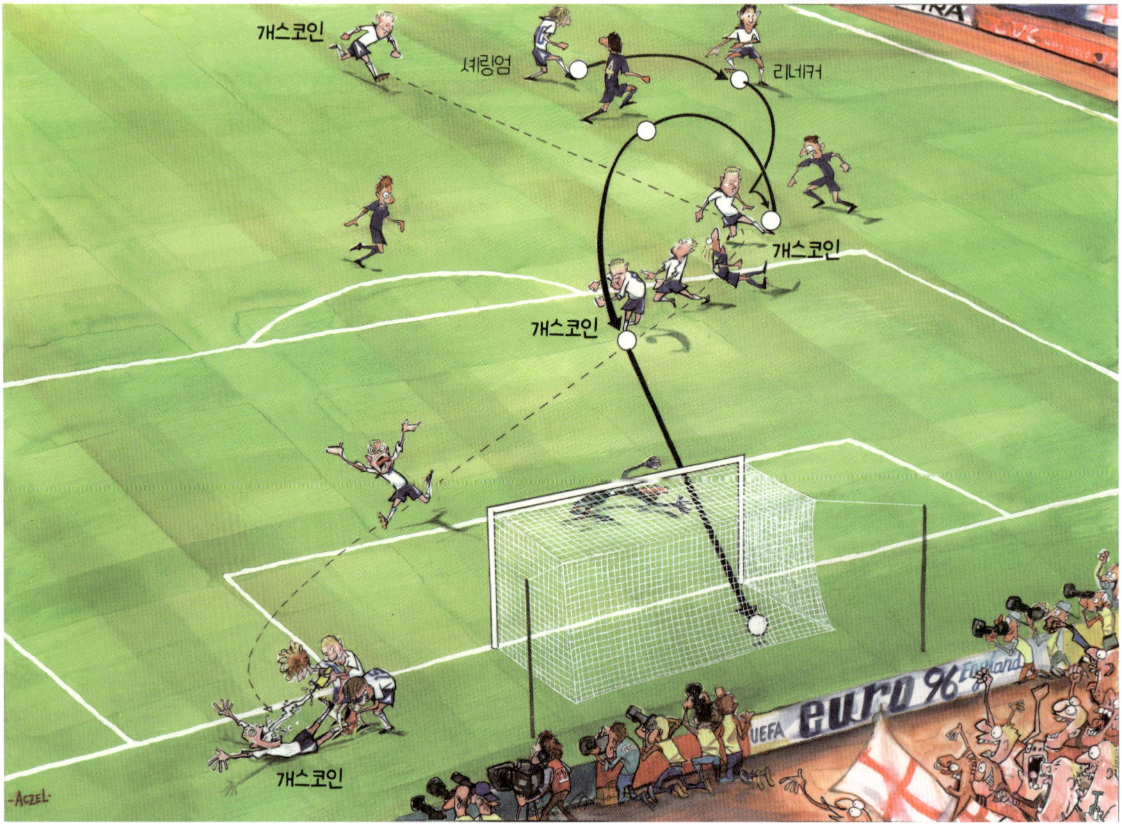

86

폴 개스코인(Paul Gascoigne, 잉글랜드) 79분(2:0)

1996년 6월 15일, 웸블리 스타디움, 런던(잉글랜드)
유로 1996, A조, 잉글랜드 2:0 스코틀랜드

'가자*'가 술 대신 물을 마셨을 때

개스코인의 골들 중 가장 기념할 만한 골. 게다가 멋진 세리머니도 사람들의 기억에 남았습니다. '가자'는 그에 대한 안 좋은 헤드라인을 장식할 만한 장면을 연기했는데, 바로 입안에 술을 쏟아붓는 것을 흉내 낸 세리머니였죠. 물론 그때는 술이 아닌 물이었지만요.

* Gazza, 개스코인의 애칭-옮긴이

87 마리오 발로텔리(Mario Balotelli, 이탈리아) — 36분(0:2)

2012년 6월 28일, 스타디온 나로도비, 바르샤바(폴란드)
유로 2012, 준결승전, 독일 0:2 이탈리아

슈퍼 마리오

발로텔리는 경기 20분과 36분에 두 번의 솔로 골을 넣어 독일 팀을 무너뜨렸습니다. 특히 두 번째 골을 넣은 다음, 그는 근육을 말 그대로 '가지고 노는' 세리머니를 선보였답니다.

88

필립 람(Philipp Lahm, 독일) 6분(1:0)

2006년 6월 9일, 알리안츠 아레나, 바이에른, 뮌헨(독일)
2006 독일 월드컵, 개막전, A조, 독일 4:2 코스타리카

첫 골

통계 전문가들에게는 월드컵 대회의 첫 골이었습니다. 개최국인 독일에는 소위 '여름날의 동화'의 시작이었죠. 팔 골절에서 회복된 지 얼마 되지 않았던 필립 람은 공을 골문 먼 구석으로 정확히 때려 넣었답니다.

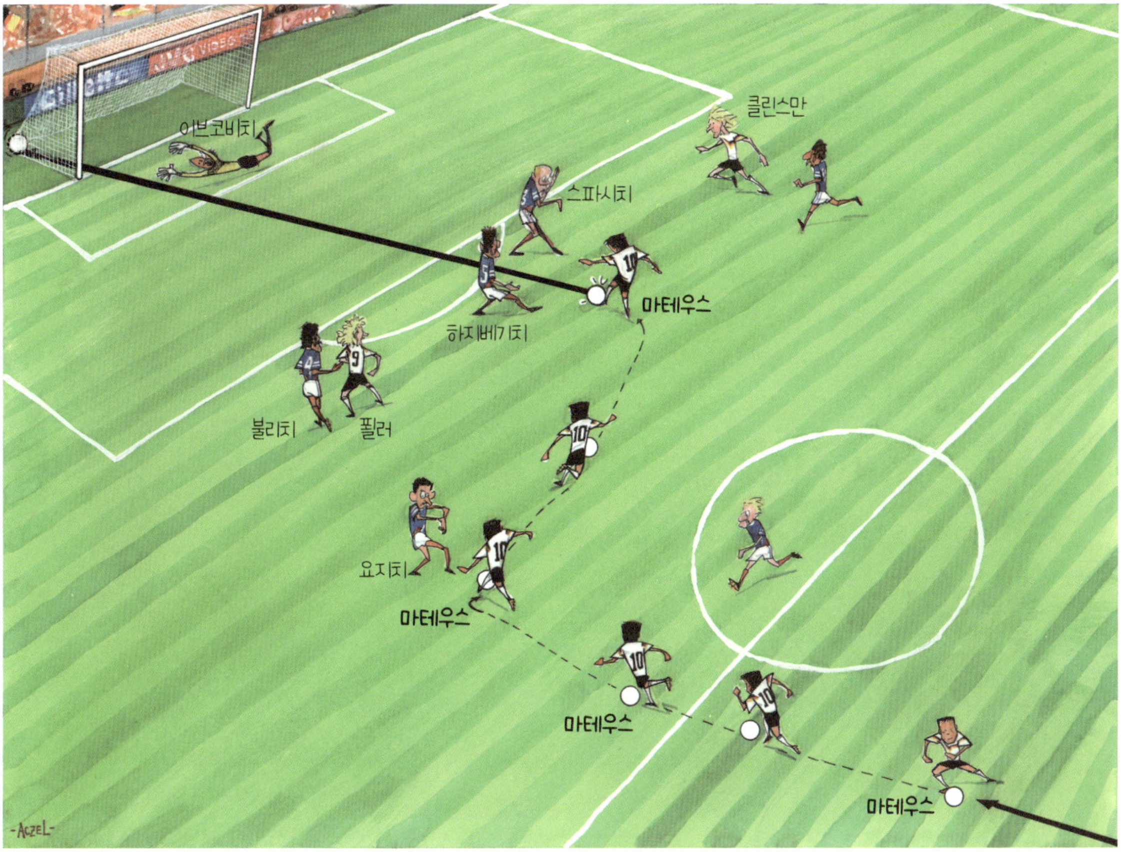

로타르 마테우스(Lothar Matthäus, 독일 연방 공화국) 　　　　65분(3:1)

89

1990년 6월 11일, 스타디오 주세페 메아차, 밀라노(이탈리아)
1990 이탈리아 월드컵, D조, 독일 연방 공화국 4:1 유고슬라비아

추진력, 기술, 정확성

마테우스는 선수 생활 중 최고의 골이라 할 만한 이 골로 1990년 월드컵에서 유고슬라비아를 누르며 누가 강자인지를 한눈에 보여 주었습니다.

그는 2020년 〈프랑스 풋볼〉이 발표한 발롱도르 드림 팀에서 수비형 미드필더로 뽑혔답니다.

90

루카스 포돌스키 (Lukas Podolski, 독일) 69분(1:0)

2017년 3월 22일, 베스트팔렌슈타디온, 도르트문트(독일)
고별전, 독일 1:0 잉글랜드

폴디*

루카스 포돌스키는 대스타였습니다. 독일 대표팀 고별전에서 '폴디'는 69분에 스스로 하이라이트 골을 넣었죠.

그는 웃었습니다. "그건 완전 영화였어요. 우리는 1대 0으로 이겼고, 제가 해냈습니다." 그는 그럴 만한 자격이 있었어요.

토마스 뮐러는 이렇게 말했죠. "이보다 더 나은 시나리오는 없을 거예요. 제가 영화감독이었다면 너무 뻔해 보였을 테죠. 아무도 믿지 않을 정도로요."

* Poldi, 포돌스키의 애칭-옮긴이

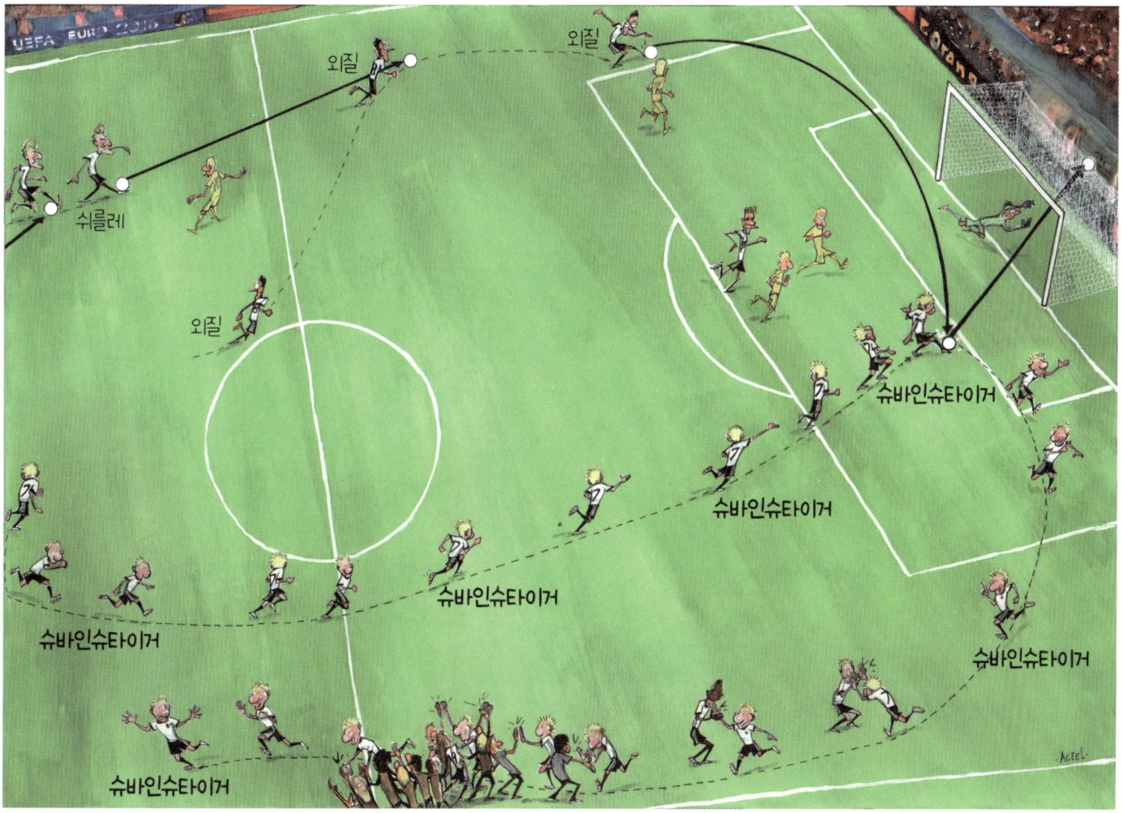

91

바스티안 슈바인슈타이거(Bastian Schweinsteiger, 독일) 90+2분 (2:0)

2016년 6월 12일, 스타드 피에르 모루아, 오드프랑스, 릴(프랑스)
유로 2016, C조, 독일 2:0 우크라이나

슈바이니*

슈바인슈타이거는 거의 경기장 끝에서부터 빠르게 달려와 멋진 드롭킥으로 골을 넣었습니다. 그러고는 계속 달리며 선수들, 트레이너들, 예비 선수들 한 명 한 명과 하이파이브를 했죠.
이 골은 그가 독일 국가대표팀으로서 국제 경기에서 넣은 마지막 골이었답니다.

* Schweini, 슈바인슈타이거의 애칭 - 옮긴이

즐라탄 이브라히모비치(스웨덴)

85분(1:1)

2004년 6월 18일, 이스타지우 두 드라강, 포르투(포르투갈)
유로 2004, C조, 이탈리아 1:1 스웨덴

빗장 수비를 풀다

스물두 살의 이브라히모비치는 잔루이지 부폰(Gianluigi Buffon)이 지키는 골문을 등진 채 뒤꿈치로 공을 차서 골키퍼의 머리를 넘기는 골을 넣었습니다. 그 전까지는 이탈리아가 빗장 수비로 경기를 장악하고 있었죠. 이브라히모비치의 이 탁월한 슛이 스웨덴의 유일한 기회였답니다.

93 제르단 샤키리 (Xherdan Shaqiri, 스위스) — 82분(1:1)

2016년 6월 25일, 스타드 조프루아 기샤르, 생테티엔(프랑스)
유로 2016, 16강전, 스위스 1:1(연장전 후, 승부차기 4:5) 폴란드

대회 최고 골

골대 안쪽을 맞고 그물 안으로 들어간 바이시클 킥. 샤키리는 연장전에서 스위스를 구했습니다. 이 골은 독일에서 '이달의 골'로 선정되었죠. 하지만 승부차기에서 그라니트 자카(Granit Xhaka)가 실수를 범하는 바람에 스위스는 탈락하고 말았답니다.

94

키이스 허우첸(Keith Houchen, 코벤트리 시티) 62분(2:2)

1987년 5월 16일, 웸블리 스타디움, 런던(잉글랜드)
FA컵, 결승전, 코벤트리 시티 3:2 토트넘 홋스퍼

우승컵을 향한 다이빙 헤더 골

웸블리 구장에서 열린 결승전에서 넣은 극적인 다이빙 헤더 골. 게다가 이 골은 시즌 최고 골로 선정되기도 했답니다.

95 알레산드로 플로렌치 (Alessandro Florenzi, AS 로마)

31분 (1:1)

2015년 9월 16일, 스타디오 올림피코 디 로마, 로마(이탈리아)
챔피언스리그, E조, AS 로마 1:1 FC 바르셀로나

저 공 잡아라!

테르 슈테겐을 상대로 경기장 한가운데에서부터 슛을 날리는 일은 분명 흔한 일은 아니랍니다.

플로렌치

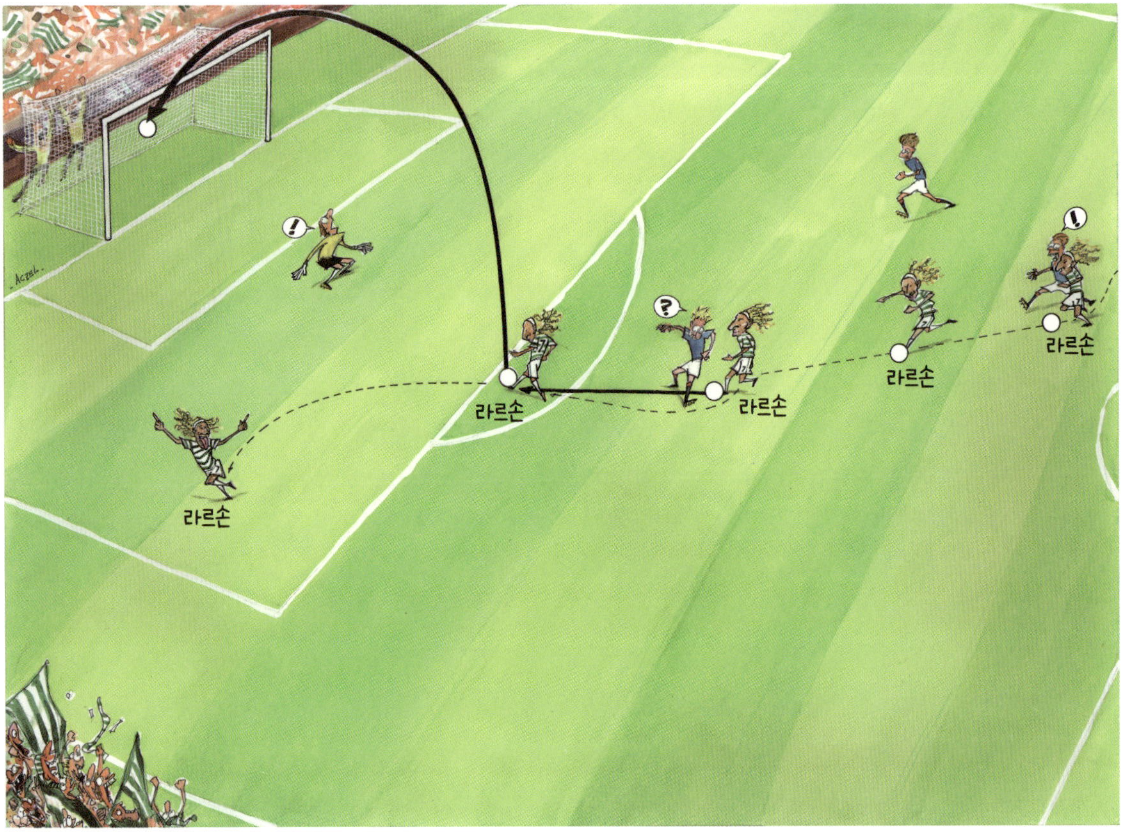

96 헨리크 라르손(Henrik Larsson, 셀틱 FC) 50분(4:1)

2000년 8월 27일, 셀틱 파크, 파크헤드, 글래스고(스코틀랜드)
스코틀랜드 프리미어리그, 5R, 셀틱 FC 6:2 레인저스 FC

스코틀랜드 고전 더비에서의 굴욕

라르손은 공을 수비수 다리 사이로 통과시킨 뒤 골키퍼 머리 너머로 차서 골인시킴으로써, 셀틱 팬들의 마음속에 자신의 존재를 각인시켰습니다. 스웨덴 출신인 라르손은 흔치 않게 모두가 사랑하는(레인저스의 팬들만 빼고) 축구 선수이죠. "바르셀로나에서 호나우지뉴를 처음 만났을 때 그가 저에게 '당신은 나의 롤 모델이에요!'라고 말하더군요. 그 이후로는 저를 '이돌로(Idolo, 스페인어로 '우상'을 의미함-옮긴이)'라고 불렀고요. 정말 믿기 힘든 일이었습니다."

97 가브리엘 오마르 바티스투타(Gabriel Omar Batistuta, ACF 피오렌티나) 75분(0:1)

1999년 10월 27일, 웸블리 스타디움, 런던(잉글랜드)
챔피언스리그, B조, 아스널 FC 0:1 ACF 피오렌티나

바티스투타 스타일

"이 골은 당연히 멋진 골이었어요. 피오렌티나 팬들에게는 역사상 가장 중요한 골로 손꼽힙니다. 우리는 이 골로 굉장한 호조를 보이고 있던 아스널을 그 팀의 홈구장에서 꺾어버렸으니까요. 경기 전에는 불가능하다고 생각했어요." 168개의 골을 넣었던 바티스투타는 오늘날까지도 AC 피렌체(ACF 피오렌티나)의 최고 득점왕이랍니다.

가브리엘 오마르 바티스투타
'바티골(Batigol, 바티스투타의 별명-옮긴이)'

98

크리스 워들(Chris Waddle, 올림피크 마르세유) 5분(1:0)

1989년 10월 27일, 스타드 벨로드롬, 마르세유(프랑스)
리그앙(Ligue 1, 프랑스 프로축구 1부리그-옮긴이), 올림피크 마르세유 2:1 파리 생제르맹

워들의 즐거운 시간

공을 가슴으로 받고, 수비수 머리 위로 넘기고, 뒤꿈치로 차고…
다리 사이로 굴리는 것만 빼고는 다 했다고 볼 수 있겠네요.

워들

하비에르 사네티(Javier Zanetti, 인터 밀란) 86분(0:1)

1996년 11월 3일, 스타디오 미르칸토니오 벤테고디, 베로나(이탈리아)
세리에A, 8R, 엘라스 베로나 0:1 인터 밀란

'트랙터'

'트랙터'(그는 항상 이렇게 불렸다)는 오랫동안 인터 밀란의 주장 생활을 했으며 그곳에서 615회의 출장 기록을 세웠습니다.

100 아치 제밀 (Archie Gemmill, 스코틀랜드)

68분 (3:1)

1978년 6월 11일, 에스타디오 산 마르틴, 멘도사(아르헨티나)
1978 아르헨티나 월드컵, 4조, 스코틀랜드 3:2 네덜란드

아치 제밀

스코틀랜드 역대 최고 골

1970년대의 강호, 네덜란드를 상대로 넣은 이 골은 스코틀랜드인들의 가슴에 제밀의 존재를 확실히 각인시켰습니다.

101 스텔리오스 얀나코풀로스 (Stelios Giannakopoulos. 올림피아코스 FC) 6분(1:0)

1997년 9월 17일, 아테네 올림픽 스타디움 '스피로스 루이스', 마루시, 아티카, 아테네(그리스)
챔피언스리그, D조, 올림피아코스 FC 1:0 FC 포르투

챔피언스리그에서 올림피아코스가 넣은 첫 골

"역공 중이었습니다. 사실 안 좋은 지점에서 공을 멈췄는데 슛을 시도해볼 수 있겠다 싶었어요. 저는 아들이 셋 있는데, 다들 아빠를 자랑스러워합니다. 그 아이들이 그 장면 때문에 축구 선수를 꿈꾸게 된다면 정말 좋을 거예요. 그게 바로 축구의 매력이죠."

105

102 에데르(브라질)   5분(3:1)

1982년 6월 18일, 에스타디오 베니토 비야마린, 세비야(스페인)
1982 스페인 월드컵, 6조, 브라질 4:1 스코틀랜드

조구 보니투, 아름다운 경기

에데르는 여유 있게 로빙슛(골키퍼의 머리 위를 넘기는 높은 슛-옮긴이)으로 골을 넣었습니다. 1982 스페인 월드컵에서 브라질이 보여준 '조구 보니투(Jogo Bonito, '아름다운 경기'라는 뜻의 포르투갈어-옮긴이)'는 오늘날까지도 세계 축구에 영향을 주고 있죠. 펩 과르디올라도 셀레상의 티키타카(Tiki-taka, 짧은 패스를 빠르게 주고받는 축구 전술-옮긴이)로부터 영감을 받았다고 말한 바 있답니다.

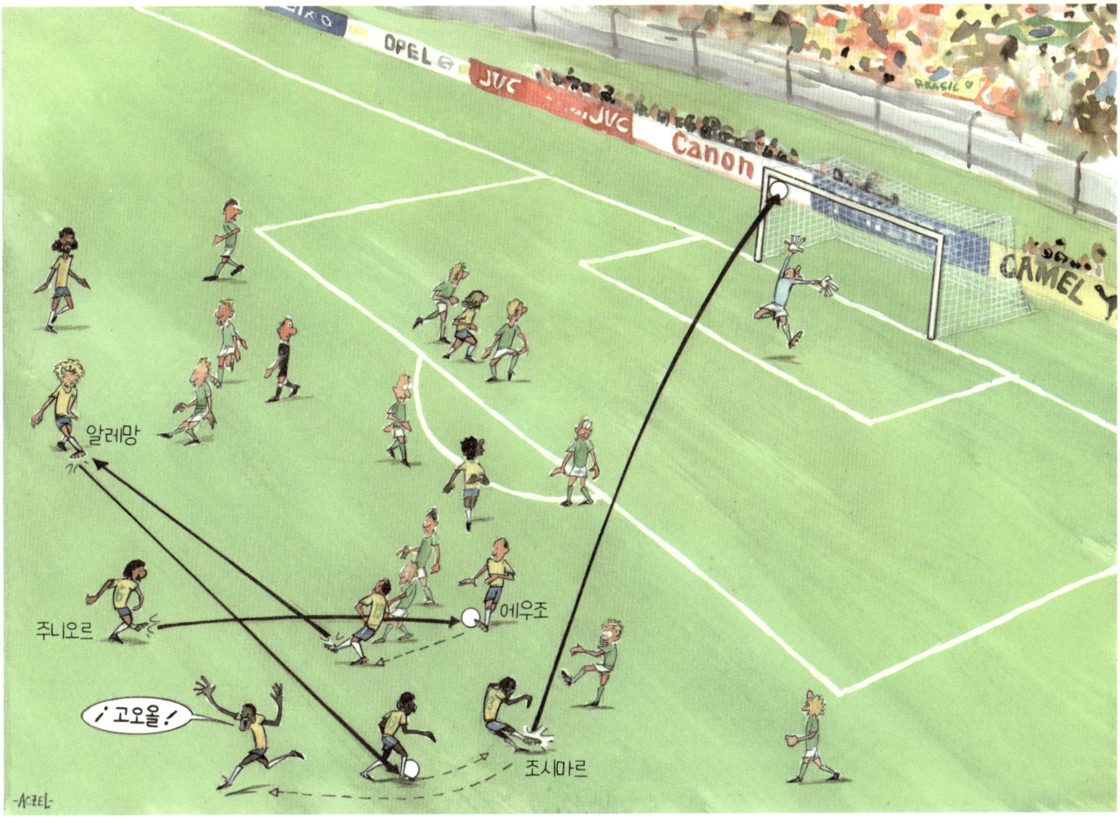

103 조시마르(Josimar, 브라질)   42분(2:0)

1986년 6월 12일, 에스타니오 할리스코, 과딜라하라(멕시코)
1986 멕시코 월드컵, D조, 브라질 3:0 북아일랜드

더 없는 기쁨

조시마르는 교체 선수 자격으로(그의 생각으로는) 월드컵에 나갔습니다. 멀리서 찬 공이 골문에 들어갔을 때 그의 기쁨은 이루 말할 수 없었죠. "그저 운으로 들어간 게 아니었어요. 제가 기술을 완벽하게 가다듬기 위해 정해진 시간 외에도 열심히 훈련했던 결과였죠."

104 지오바니 도스 산토스 (Giovani Dos Santos, 멕시코)   76분(2:4)

2011년 6월 25일, 로즈 볼, 패서디나, 로스엔젤레스, 캘리포니아(미국)
2011 골드컵(CONCACAF Gold Cup, 북중미카리브축구연맹(CONCACAF)이 주최하는 북중미와 카리브 지역의 국가 간 축구대회-옮긴이), 결승전, 미국 2:4 멕시코

철저히 계산된 골

"골키퍼와 수비수들에게 둘러싸인 저는 공이 들어갈 만한 유일한 구멍, 그러니까 골문 앞에 서 있는 수비수의 머리와 골대 왼쪽 위 구석 사이로 골을 넣을 수 있는 지점까지 가서 공을 찼습니다. 기술적으로도 제 최고의 골이었고 게다가 우리나라를 위해 결승전에서 넣은 골이었으니 가장 중요한 골이기도 하죠."

105 토르스텐 프링스(Torsten Frings, 독일)

87분(4:2)

2006년 6월 9일, 알리안츠 아레나, 뮌헨(독일)
2006 독일 월드컵, 개막전, A조, 독일 4:2 코스타리카

2006년 '여름날의 동화'의 시작

프링스는 경기 87분에 25미터 거리에서 강슛을 날려 파란만장한 개막전의 종지부를 찍었습니다. 그 전에 필립 람은 경기 5분 만에 멋진 골로 독일 월드컵의 포문을 열었죠. 개최국이 개막전을 치른 건 이 월드컵이 처음이었답니다.

프링스

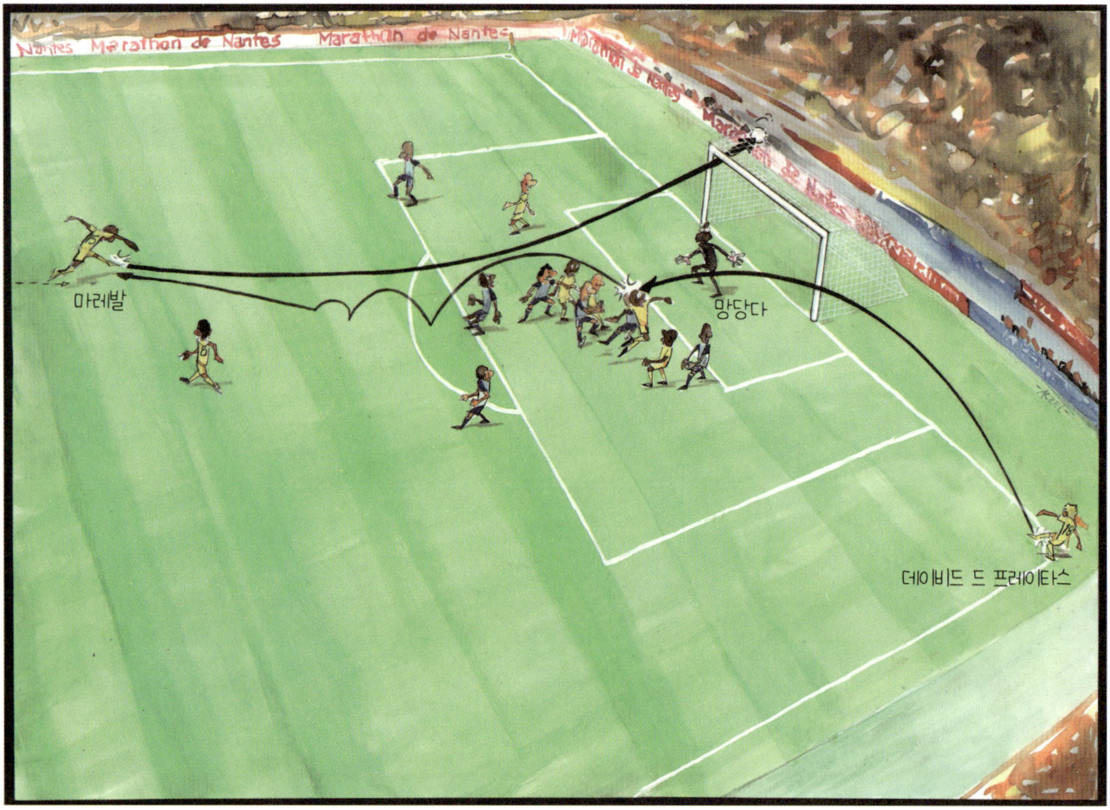

106

레미 마레발(Rémi Maréval, FC 낭트) 44분(1:0)

2008년 10월 29일, 스타드 드 라 보주아르, 낭트(프랑스)
리그앙, 11R, FC 낭트 1:1 올림피크 마르세유

"내가 위대한 공격수가 된 느낌이에요"

그다지 유명하지 않은 프랑스의 수비수 레미 마레발은 FC 낭트에서 활동하던 3년간 단 두 골만을 넣었지만, 둘 다 아주 탁월한 골이었답니다.

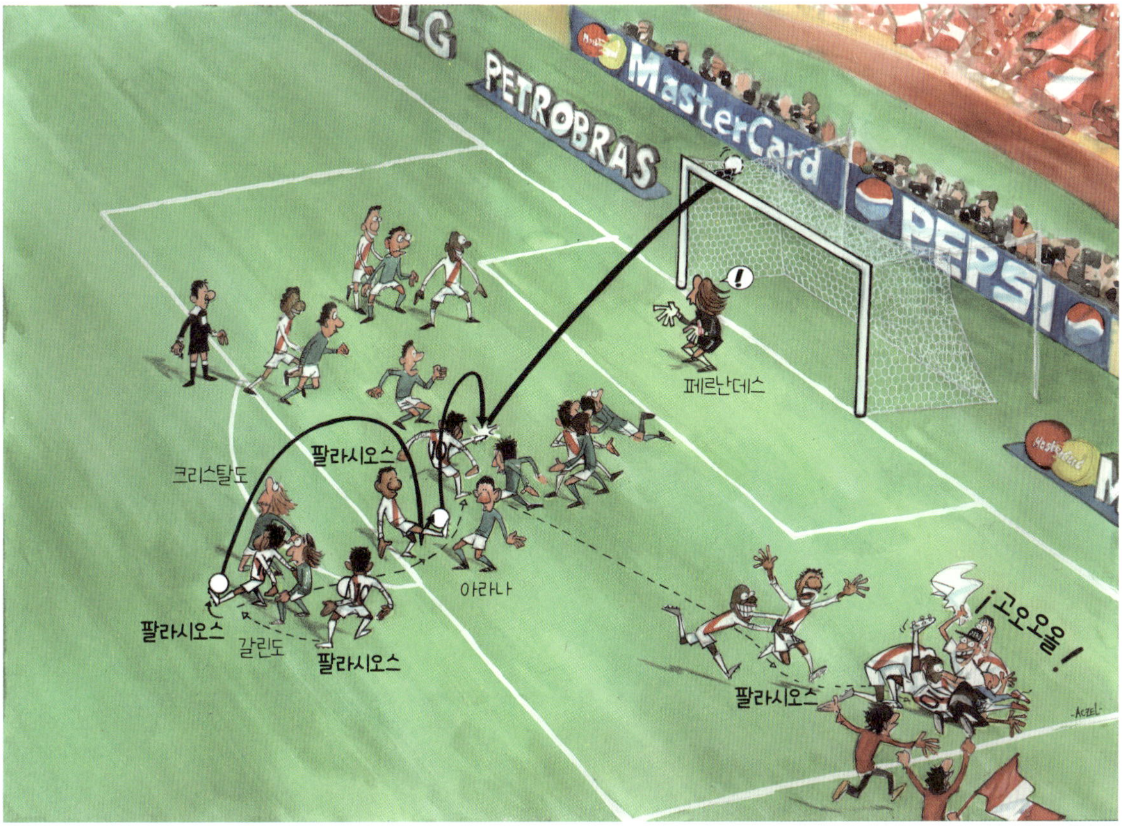

107

로베르토 팔라시오스(Roberto Palacios, 페루)

86분(2:2)

2004년 7월 6일, 에스타디오 나시오날, 리마(페루)
2004 코파 아메리카, A조, 페루 2:2 볼리비아

양발잡이

"아버지는 항상 저에게 '아들아, 너는 두 발을 다 쓸 줄 알아야 한다'라고 말씀하셨어요. 그래서 어려서부터 몇 시간씩 벽에 공을 차는 연습을 했죠." 팔라시오스는 코파 아메리카 개막전에서 이 주목할 만한 골을 넣었습니다. 그의 조국 페루가 개최국이었죠.

코파 아메리카 페루 2004

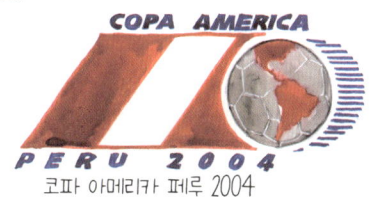

108 클라렌스 세도르프(Clarence Seedorf, 레알 마드리드) 75분(1:1)

1997년 8월 30일, 산티아고 베르나베우, 마드리드(스페인)
라리가, 1R, 레알 마드리드 1:1 아틀레티코 마드리드

로켓 착륙

이 멋진 원거리 슛에서 공은 로켓처럼 빠르게 회전하며 골문 안으로 들어갔습니다. 그것도 마드리드 더비 경기에서 넣은 골이었죠. 경기 바로 전날에는 세도르프의 첫 아이가 태어났답니다.

109

히바우두(Rivaldo, FC 바르셀로나) 89분(3:2)

2001년 6월 17일, 캄 노우, 바르셀로나(스페인)
프리메라 디비시온, 38R, FC 바르셀로나 3:2 발렌시아 CF

최우수 골

가슴으로 받아 오버헤드킥. 히바우두가 넣은 멋진 골 덕분에 바르셀로나는 추가 시간에 챔피언스리그 진출을 확정지었습니다.

히바우두

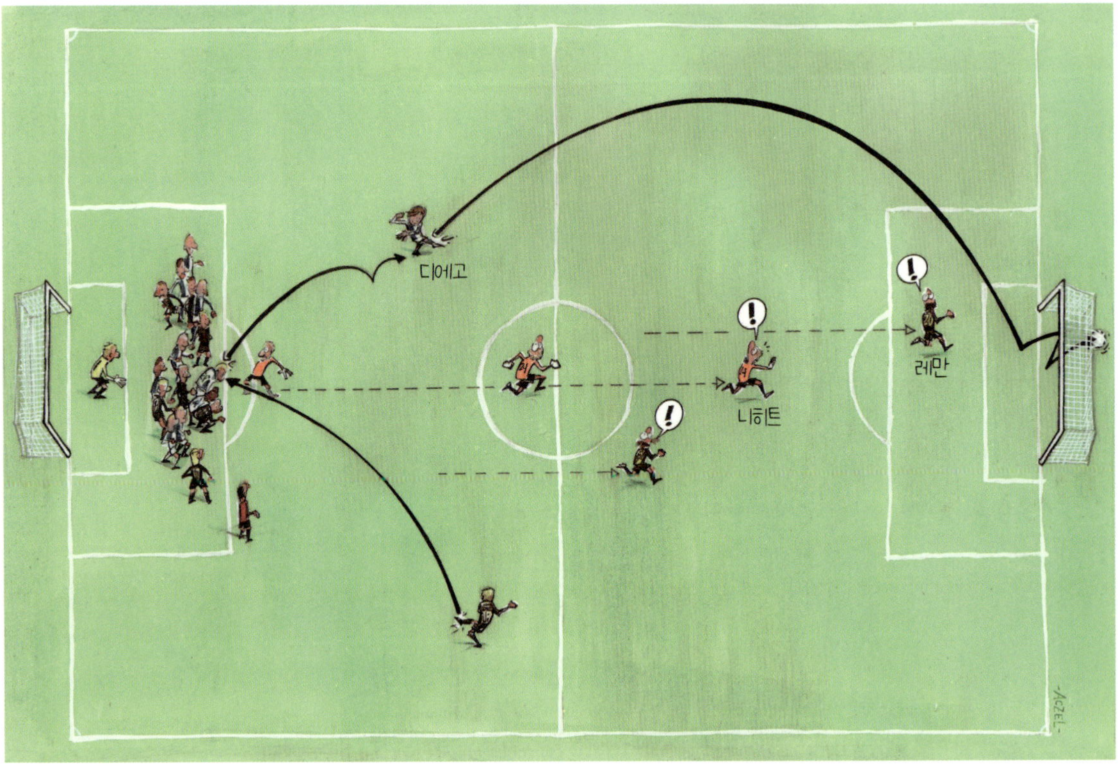

110 디에고(Diego, SV 베르더 브레멘)   90+3분(3:1)

2007년 4월 20일, 베저슈타디온, 브레멘(독일)
분데스리가, 30R, SV 베르더 브레멘 3:1 알레마니아 아헨

'올해의 골'

베르더 브레멘의 홈구장에서 주어진 추가 시간 3분째, 원정팀이 프리킥을 차려 할 때였습니다. 알레마니아의 골키퍼는 마지막 공격을 위해 골문을 떠나 있었죠. 브레멘이 걷어낸 공이 디에고 앞에 떨어졌습니다. 브라질 출신인 그는 주저하지 않고 63미터 밖에서 슛을 날렸으며, 공은 뒤늦게 쫓아간 상대 팀 선수들 머리 위로 높은 아치를 그리며 골이 되었답니다.

111 클라우디오 로페스 (Claudio López, 발렌시아 CF)   4분(0:1)

1999년 9월 21일, PSV 슈타디온, 아인트호벤(네덜란드)
챔피언스리그, F조, PSV 아인트호벤 1:1 발렌시아 CF

회전 발리슛

로페스는 공이 떨어지는 지점에 능숙하게 접근해 어깨 너머로 공을 받았습니다. 그래도 이 굉장한 발리슛은 모험적인 결정이었죠. 자칫하다가는 완전히 잘못될 수도 있었으니까요. 결국 이 골은 그해 챔피언스리그 최고 골이 되었답니다.

'엘 피오호(El piojo, '이'라는 뜻의 스페인어로 로페스의 별명—옮긴이)' 로페스

112

파피스 뎀바 시세(Papiss Demba Cissé, 뉴캐슬 유나이티드)   90+4분(0:2)

2012년 5월 2일, 스탬퍼드 브릿지, 런던(잉글랜드)
프리미어리그, 36R, 첼시 FC 0:2 뉴캐슬 유나이티드

방어 불가

골인이 불가능한 지점에서 찬 공은 환상적인 커브를 그리며 날아갔습니다. 골키퍼로서는 전혀 예상할 수 없는 일이었죠. 호베르투 카를루스 (8, 16쪽)의 골처럼 물리 법칙을 넘어선 듯 보였답니다.

113 이안 라이트(Ian Wright, 아스널 FC) 78분(2:0)

1993년 8월 28일, 아스널 스타디움, 하이버리, 런던(잉글랜드)
프리미어리그, 5R, 아스널 FC 2:0 에버턴 FC

"로빙슛이 좋아요"

로빙슛은 라이트의 주특기였습니다.

114

에릭 칸토나

1998년 8월 18일, 올드 트래퍼드, 맨체스터(잉글랜드)
뮌헨 참사 추모 경기, 맨체스터 유나이티드 XI 8:4 인터내셔널 XI

80분(7:4)

의기양양

수비수들은 마치 맨체스터의 왕, 칸토나를 더 잘 보이게 하기 위해 그의 앞에 몸을 던진 것처럼 보였습니다. 칸토나는 수비수들이 우습게 보이는 그 상황을 여유 있게 즐겼죠.

이 경기는 1958년 뮌헨에서 발생한 비행기 참사로 목숨을 잃은 맨유의 팀 동료들을 추모하기 위해 개최되었답니다.

115

에드미우송 (Edmílson, 브라질)　　　　　　　　38분(3:0)

2002년 6월 13일, 수원 월드컵 경기장, 수원, 경기도(한국)
2002 한일 월드컵, C조, 브라질 5:2 코스타리카

선발 라인업에 들다

에드미우송은 브라질에 단 한 골만을 안겼지만, 그건 아주 좋은 골이었습니다. "이전 경기에서는 별로 잘하지 못해서 감독님이 저를 경기에서 뺐었죠. 다행히 감독님은 한 번 더 기회를 주셨어요. 이 경기에서 저는 좋은 경기를 보여주었고, 이 묘기 같은 골 덕분에 브라질 대표팀의 선발 라인업에 포함될 수 있었습니다. 우리 팀은 결국 우승까지 했고요."

116

호세 사투르니노 카르도소(José Saturnino Cardozo, 데포르티보 톨루카) 75분(5:0)

2003년 11월 1일, 에스타디오 네메시오 디에스, 톨루카 데 레르도(멕시코)
멕시코 프리메라 디비시온, 16R, 데포르티보 톨루카 6:0 클루브 아메리카

'미친' 골

그는 파라과이 역사상 최고의 선수로 손꼽힙니다. 그가 최고의 라이벌인 클루브 아메리카와의 경기에서 넣은 이 '미친' 골은 톨루카(멕시코) 팬들의 기억 속에 고이 남아 있답니다.

117 파비오 리베라니 (Fabio Liverani, SS 라치오)   75분(0:1)

2003년 12월 14일, 스타디오 델 코네로, 안코나(이탈리아)
세리에A, 13R, US 안코니타나 0:1 SS 라치오

놀라운 원거리 로빙슛

"정말 완벽한 슛이었습니다."

리베라니

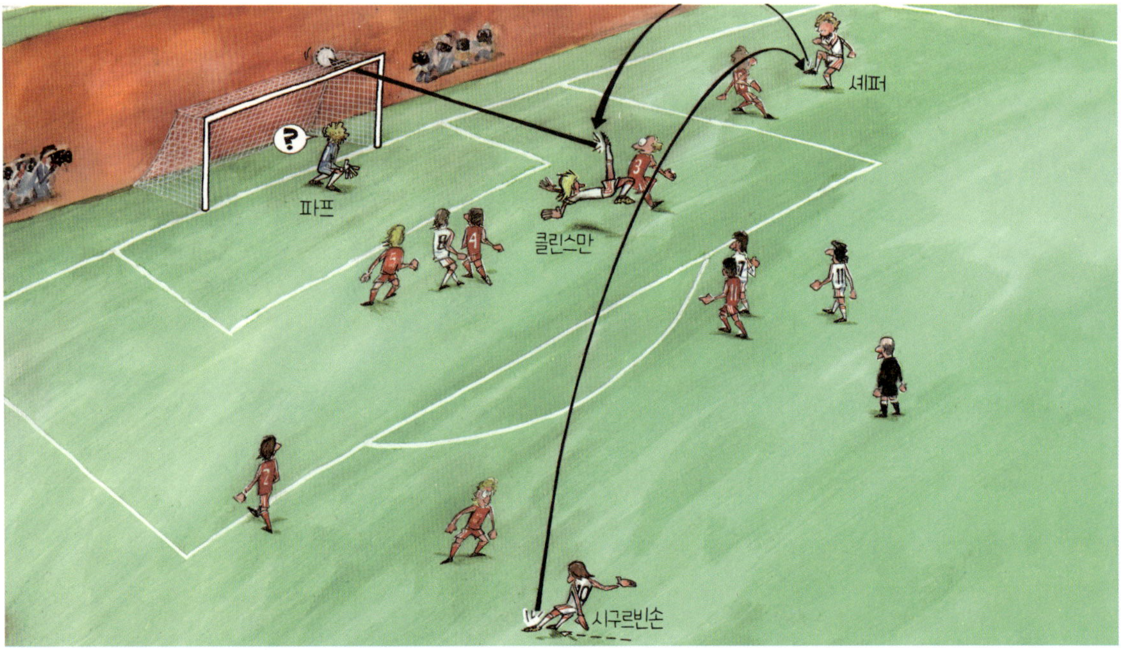

118

위르겐 클린스만(Jürgen Klinsmann, VfB 슈투트가르트) 18분(1:0)

1987년 11월 14일, 넥카슈타디온, 슈투트가르트(독일)
분데스리가, 16R, VfB 슈투트가르트 3:0 FC 바이에른 뮌헨

입단을 부른 골

위르겐 클린스만은 대단한 골잡이인 데 더해, 대단한 골도 많이 넣었습니다. "그래도 이 골만큼 대단한 건 없었어요", 그는 말했습니다. 이 골은 그에게 국제 무대의 포문을 열어준 골이기도 했죠. 한 달 뒤 베켄바우어가 그를 대표팀에 소환했으니까요.

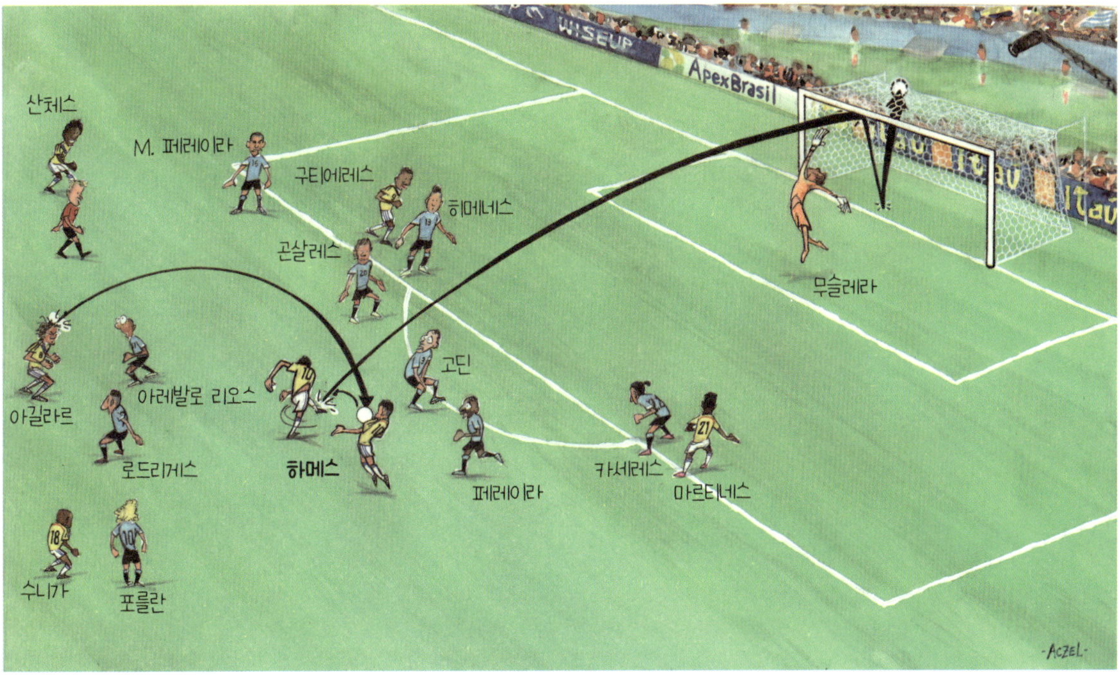

119

하메스 로드리게스(James Rodriguez, 콜롬비아)   28분(1:0)

2014년 6월 28일, 마라카낭, 리우데자네이루(브라질)
2014 브라질 월드컵, 16강전, 콜롬비아 2:0 우루과이

푸스카스상

그냥 최고

2014 브라질 월드컵 최고 골, 그리고 2014년 최고 골로 선정된 골.

120 스티븐 제라드 (Steven Gerrard, 리버풀 FC)   90+1분(3:3)

2006년 5월 13일, 밀레니엄 스타디움, 카디프(웨일스)
2006 FA컵, 결승전, 리버풀 FC 3:3(연장전 후, 승부차기 3:1) 웨스트햄 유나이티드

리버풀의 주장

리버풀의 주장과 팀원들은 추가 시간에 이미 패배를 맞을 위기를 겪었습니다. 불과 몇 분 전만 해도 제라드는 경련 때문에 경기장 잔디 위에 누워 있었죠. 그러나 여느 때처럼 이를 악물고 몸을 일으킨 그는 결국 그의 팀을 연장전까지 끌고 갔고, 승부차기로 FA컵 우승을 거머쥐었답니다.

121 마이콩(Maicon, 브라질) 55분(1:0)

2010년 6월 15일, 엘리스파크 스타디움, 요하네스버그(남아프리카공화국)
2010 남아공 월드컵, G조, 브라질 2:1 북한

불가능한 각도

마이콩은 골키퍼와 골대 사이의 틈을 보았습니다. 다들 그가 패널티 에어리어 안에서 패스를 할 거라고 예상했지만, 그는 불가능한 각도에서 슛을 날려 골키퍼와 골대 사이로 골인시켰답니다.

122 헐크(Hulk, FC 포르투)

7분 (1:0)

2012년 3월 2일, 이스타디우 다 루스, 리스본(포르투갈)
프리메이라 리가(Primeira Liga, 포르투갈 프로축구 1부리그-옮긴이), 21R, 벤피카 2:3 FC 포르투

굉장한 헐크

골키퍼가 전혀 예상치 못했던 이 슛은 시속 108킬로미터라는 괴물 같은 속도로 골이 되었습니다. 포르투갈의 클라시코라 할 수 있는 이 경기에서 포르투가 거둔 3대 2 승리는 시즌 우승에 상당한 기여를 했답니다.

123 하밋 알틴톱 (Hamit Altintop, 터키) 26분(0:2)

2010년 9월 3일, 아스타나 아레나, 누르술탄(카자흐스탄)
유로 2012 예선, 카자흐스탄 0:3 터키

'스위트 스폿'

알틴톱의 이 골은 2010년 최고의 골로 선정되어 푸스카스상을 받았습니다. "축구를 하다 보면 간혹 스위트 스폿, 즉 공을 차기 가장 좋은 부분을 차게 될 때가 있습니다. 이 골이 그런 순간이었죠. 그런 골은 아마 공을 백 번 차도 나오기 힘들 거예요."

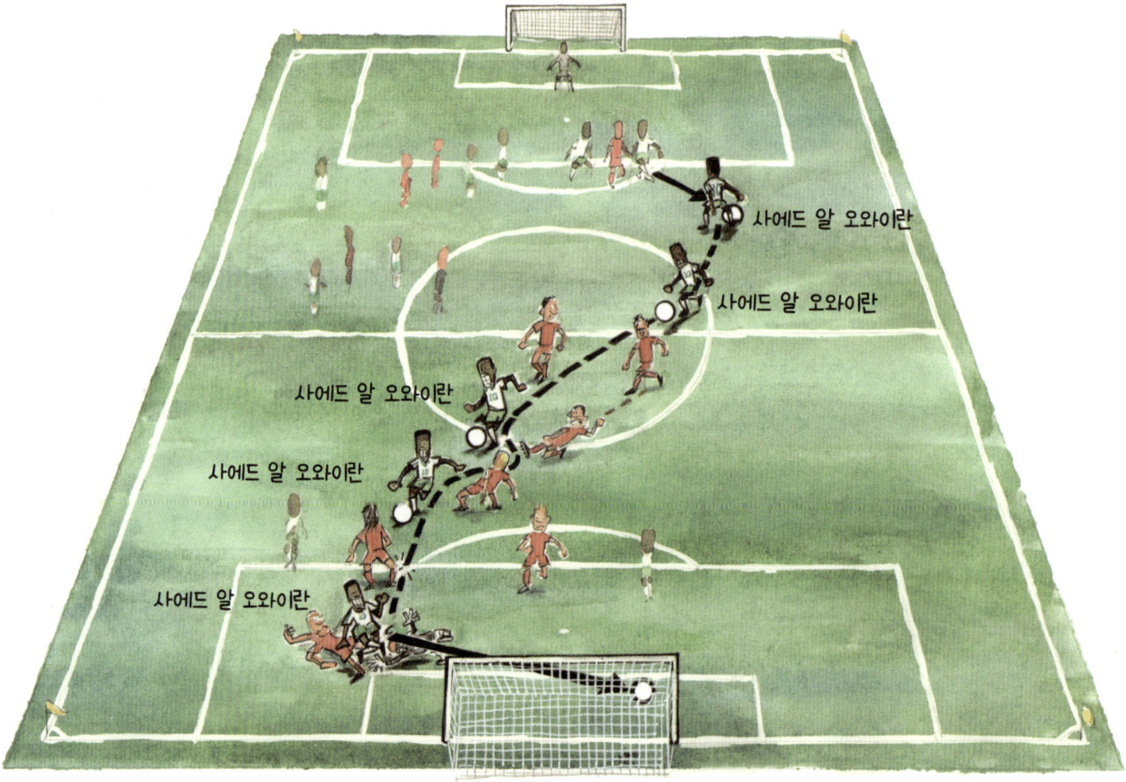

124

사에드 알 오와이란(Saeed Al-Owairan, 사우디아라비아)   5분(0:1)

1994년 6월 29일, RFK 스타디움, 워싱턴 D.C.(미국)
월드컵 예선, F조, 벨기에 0:1 사우디아라비아

사에드 알 오와이란

사막의 마라도나

'사막의 마라도나.' 이 어마어마한 독주 이후 알 오와이란은 이렇게 불렸습니다. 축구계의 전설들이 넣은 골들과 함께 역대 최고의 골 목록에 오른 골이죠. 사우디아라비아 대표팀에게는 귀중한 업적이랍니다.

125

세르히오 '쿤' 아게로 (Sergio 'Kun' Agüero, CA 인데펜디엔테)   82분 (4:0)

2005년 9월 11일, 에스타디오 리베르타도레스 데 아메리카, 아베야네다 (아르헨티나)
아르헨티나 프리메라 디비시온, 전기 리그, 6R, CA 인데펜디엔테 4:0 라싱 클루브

"그날을 결코 잊지 못할 거예요."

열일곱 살이던 세르히오 아게로는 아베야네다의 명문 구단들인 인디펜디엔테와 라싱의 경기에서 대단한 장면을 연출했습니다. '쿤'은 뛰어난 활약으로 4대 0이라는 점수를 만드는 데 기여했으며, 정말 꿈같은 골로 경기를 마무리했죠. 이 경기는 '엘 로호(El rojo, 인디펜디엔테의 별칭)'에게 잊을 수 없는 승부로 남았어요.

"나중에 티브이로 그 플레이를 다시 봤을 때, 제가 그걸 해냈다는 게 믿기지 않았습니다. 그 완벽한 경기와, 제가 라싱을 상대로 넣은 첫 번째 골을 말이에요. 아버지는 항상 이렇게 말씀하셨어요. '오른발로 찰 수 있을 때까지 기다리고 있지 마라.' 그래서 저는 어렸을 때부터 왼발 사용법을 익혔죠. 그날 저는 아버지 말씀이 맞았다고 말할 수 있는 기회를 얻었답니다."

126 베베투(Bebeto, 브라질)　　　　　　　　　　　48분(1:0)

1989년 7월 14일, 이스타지우 두 마라카낭, 리우데자네이루(브라질)
1989 코파 아메리카, 파이널 라운드, 브라질 2:0 아르헨티나

호마리우와 베베투

브라질 리우데자네이루의 마라카낭 경기장에서 열린 코파 아메리카 경기에서 나온 베베투의 멋진 가위차기 골. 호마리우와 베베투라는 역사적인 양대 산맥이 탄생하는 순간이었습니다.

127 레오폴도 하신토 루케 (Leopoldo Jacinto Luque, 리베르 플라테)   18분(1:0)

1979년 12월 2일, 에스타디오 모누멘탈, 누녜스, 부에노스아이레스(아르헨티나)
토르네오 나시오날, B조, 14R, 리베르 플라테 1:1 우라칸

영감을 받다

온갖 기술이 한데 모인 골. 루케는 셀프 패스로 골키퍼를 제친 뒤 골대를 등지고 서서 뒤꿈치로 아무렇지 않게 골을 넣었습니다.
"화가나 음악가들처럼 저에게도 영감이 왔습니다. 제 자신조차 깜짝 놀랄 만큼 본능과 상상력이 발휘되더군요."

128

만시니(Mancini, AS 로마)　　　　　　　　　　　　　　44분(0:2)

2007년 3월 6일, 스타드 드 제를랑, 리옹(프랑스)
챔피언스리그, 16강 2차전, 올림피크 리옹 0:2 AS 로마

스텝 오버 강습

만시니의 이 골은 브라질 축구에서 아주 특징적인 스텝 오버(step over, 공 주위로 헛다리를 짚는 페인트 동작을 통해 상대 선수를 속이고 드리블하는 기술-옮긴이) 기술을 제대로 가르쳐주었습니다.

129 히벨리누(Rivelino, 브라질)　　　　61분(1:0)

1974년 6월 26일, 니더작센슈타디온, 하노버(독일)
1978 월드컵, 파이널 라운드, A조, 브라질 1:0 독일 민주 공화국

조심!

연습된 플레이였지만 꽤나 위험했습니다. "저는 온 힘을 다해 공을 찼습니다. 자칫 우리 팀원들을 다치게 할 수도 있었죠." 자이르지뉴가 딱 알맞은 시점에 바닥으로 넘어지면서 구멍이 생겨 공이 날아갈 수 있었습니다. 골키퍼로서는 아무것도 할 수가 없었답니다.

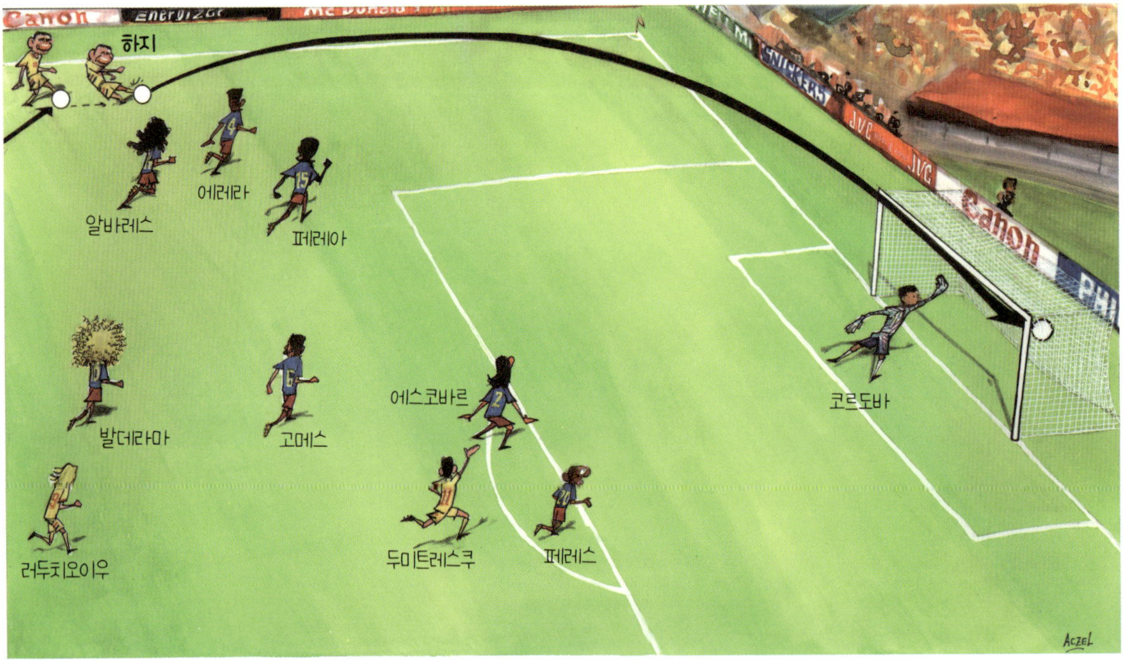

130

게오르게 하지 (Gheorghe Hagi, 루마니아) 34분(2:0)

1994년 6월 18일, 로즈 볼, 패서디나, 로스엔젤레스, 캘리포니아(미국)
1994 미국 월드컵, A조, 루마니아 3:1 콜롬비아

루마니아의 마라도나

하지는 루마니아 대표팀에서 활동하는 동안 축구 선수 이력에서 가장 중대한 순간들을 많이 겪었습니다. 레프트 윙 포지션에서 공을 이어 받은 그는 콜롬비아 골키퍼의 머리 위를 넘기는 환상적인 원거리 슛을 만들어냈죠. 그 전에 하지가 앞을 쓱 쳐다보는 모습을 보고 다들 그가 센터링을 할 거라 기대했지만 실제로는….

131

프레벤 엘케어 (Preben Elkjaer, 엘라스 베로나) 81분 (2:0)

1984년 10월 14일, 스타디오 마르칸토니오 벤테고디, 베로나(이탈리아)
세리에A, 5R, 엘라스 베로나 2:0 유벤투스

양말 골

"피올리한테서 벗어난 뒤 페널티 에어리어로 달려갈 때 그가 반칙을 걸어 오른쪽 신발이 발에서 빠졌습니다. 그 뒤 파베로를 피하려다 신발이 완전히 벗겨져서, 결국 양말만 신은 발로 골을 넣었죠. 흔하지 않은 일이라서인지 팬들이 아직까지도 기억하더군요." 엘케어는 엘라스 베로나가 1984-85시즌에 세리에A에서 처음이자 마지막으로 우승을 하는 데 주요한 역할을 한 선수였습니다. 나폴리의 마라도나, 유벤투스의 플라티니보다 더 앞서 활약했던 것이죠.

132 뱅자맹 파바르(Benjamin Pavard, 프랑스)   57분(2:2)

2018년 6월 30일, 카잔 아레나, 카잔(러시아)
2018 러시아 월드컵, 16강전, 프랑스 4:3 아르헨티나

회오리 슛

뤼카 에르난데스가 페널티 에어리어 안쪽으로 가파르게 센터링을 올렸지만 받을 사람이 없었습니다. 그 대신 뤼카의 짝인 파바르 앞에 공이 떨어졌죠. 프랑스 출신인 파바르는 페널티 에어리어 가장자리에서 공을 바로 받았어요. 멋진 회오리 슛으로 찬 공은 바람을 타고 날아가 골문 구석으로 들어갔습니다. 꿈같은 골이었어요!

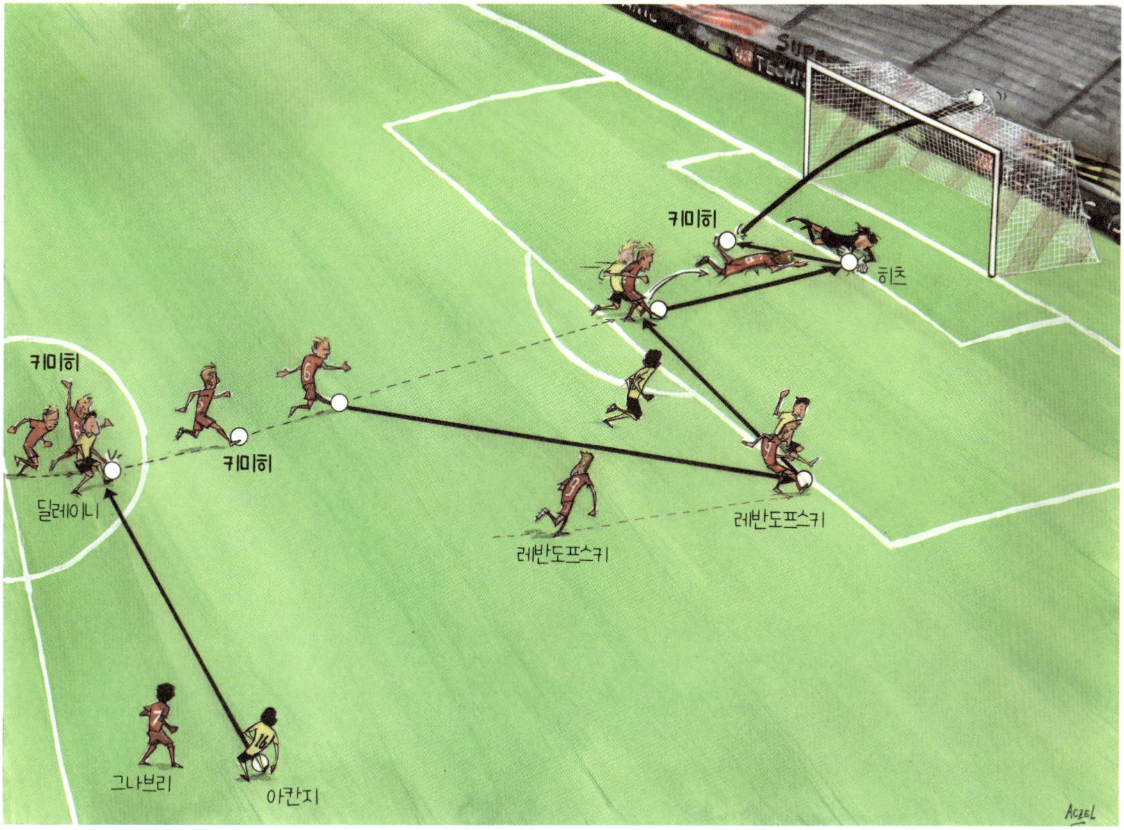

133 요주아 키미히 (Joshua Kimmich, FC 바이에른 뮌헨) 82분(3:2)

2020년 9월 30일, 알리안츠 아레나, 뮌헨(독일)

DFL 슈퍼컵(분데스리가 우승팀과 DFB 포칼 우승팀 간의 경기-옮긴이), 결승전, FC 바이에른 뮌헨 3:2 보루시아 도르트문트

굳은 의지

"결코 포기하지 않은 덕분입니다!" 플릭 감독은 2019-20시즌 유럽 최고의 수비수로 선정된 키미히를 이렇게 칭찬했습니다. FC 바이에른 뮌헨은 BVB를 상대로 그해에 다섯 번째 우승을 차지했어요. 키미히의 결정적인 골은 엄청난 추진력과 넘어진 상황에서 보여준 능수능란함 덕분에 들어가게 되었습니다. "친구들과 축구 게임을 한 것 같아요." 요주아는 최고 팀의 우승을 이렇게 평가했답니다.

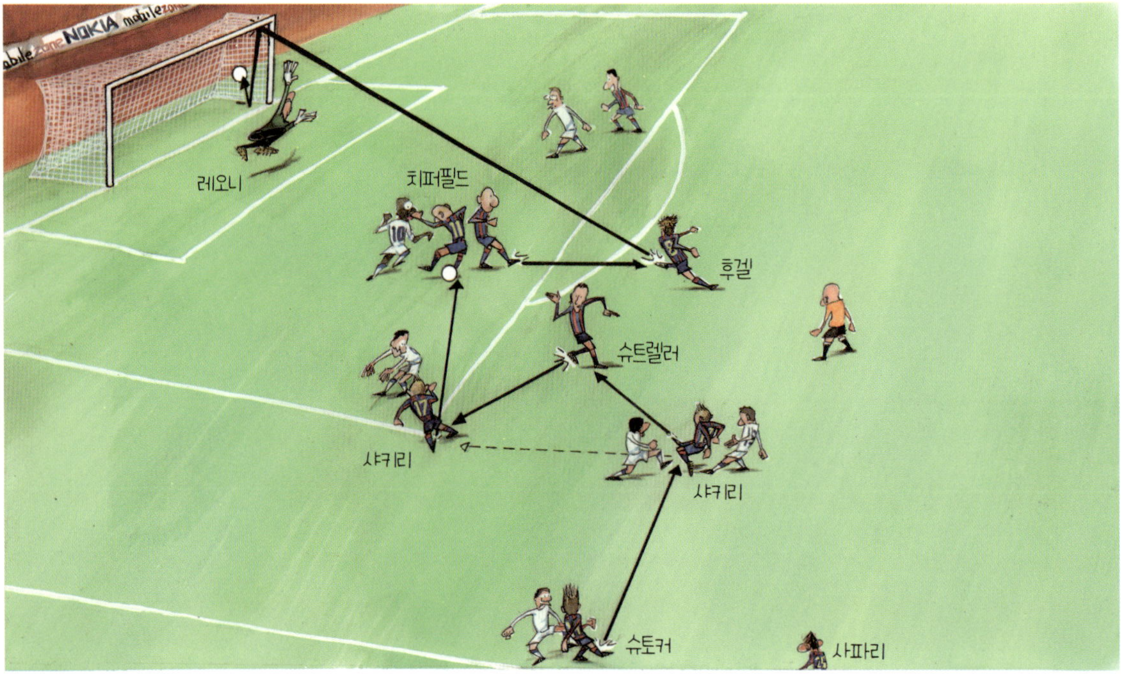

134

벤야민 후겔(Benjamin Huggel, FC 바젤) 89분(1:1)

2009년 8월 9일, 장크프 야콥 파크, 바젤(스위스)
스위스 슈퍼리그, 5R, FC 바젤 1:1 FC 취리히

벤야민 후겔

메이드 인 스위스

스위스 시계만큼이나 정확한 플레이였습니다. 바젤은 그 시즌에 우승을 거두었답니다.

135 에릭 하슬리 (Eric Hassli, 밴쿠버 화이트캡스)

85분 (2:2)

2011년 6월 11일, 퀘스트 필드, 시애틀, 워싱턴 (미국)

메이저리그 사커(MLS, 미국의 최상위 프로축구리그-옮긴이), 15R, 시애틀 사운더스 2:2 밴쿠버 화이트캡스

경이로운 발리슛

"공간, 완벽한 타이밍과 약간의 행운만 있으면 됩니다."

하슬리

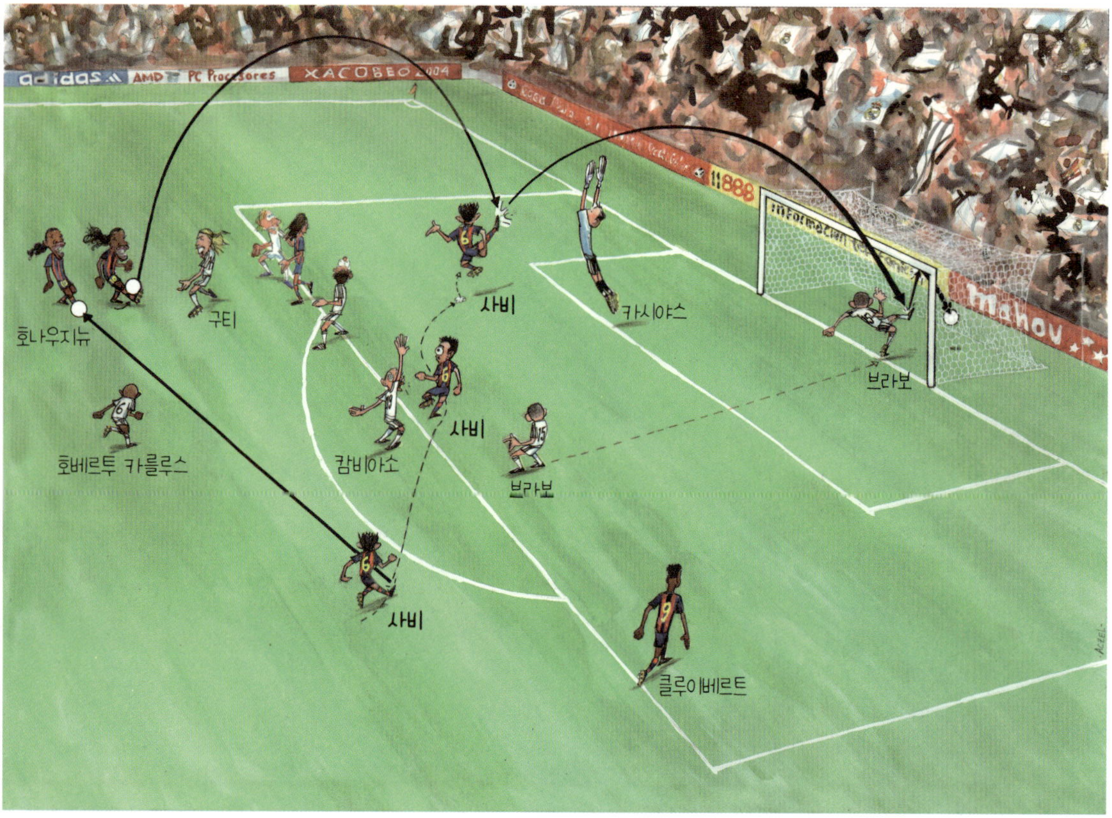

136 사비(Xavi, FC 바르셀로나)   86분(1:2)

2004년 4월 25일, 산티아고 베르나베우, 마드리드(스페인)
라리가, 34R, 레알 마드리드 1:2 FC 바르셀로나

사비

뒤늦은 '클라시코' 우승

이 뒤늦은 클라시코에서의 승리를 사비는 최고의 명승부로 꼽습니다. 경기 시간이 얼마 남지 않았는데 점수는 여전히 1대 1이었죠. 호나우지뉴는 사비에게 완벽한 패스를 해주었고, 사비는 거의 쳐다보지도 않고 카시야스의 머리를 넘는 슛을 날렸습니다. "이 클라시코에서의 승리가 우리에게 정서적인 활력과 자신감을 심어준 덕분에 바르셀로나의 황금기가 열릴 수 있었던 것 같아요."

137

앨런 시어러(Alan Shearer, 뉴캐슬 유나이티드)   86분(1:1)

2002년 12월 1일, 세인트 제임스 파크, 뉴캐슬어폰타인(잉글랜드)
프리미어리그, 15R, 뉴캐슬 유나이티드 2:1 에버턴

"완벽하게 해치웠어요."

"저는 그 공을 완벽하게 해치웠고, 공이 커브를 그리며 골로 들어가는 모습은 정말 환상적이었습니다", 뉴캐슬의 득점왕은 이렇게 회상합니다.

138 토마스 히츨슈페르거(Thomas Hitzlsperger, VfB 슈투트가르트)   27분(1:1)

2007년 5월 19일, 고트리프 다임러 슈타디온, 슈투트가르트(독일)
분데스리가, 34R, VfB 슈투트가르트 2:2 에네르기 콧부스

완벽 그 자체

센터링, 발리슛. 슈투트가르트의 팬들이라면 잊지 못할 골이었습니다. 멋진 골이었을 뿐만 아니라, 2006-07시즌 마지막 경기 날 우승을 안겨준 결정적인 골이라 더더욱 그랬답니다.

139 데얀 스탄코비치(Dejan Stanković, 인터 밀란)

45분(0:3)

2009년 10월 17일, 스타디오 루이지 페라리스, 제노바(이탈리아)
세리에A, 8R, 제노아 CFC 0:5 인터 밀란

전문가

이 골은 세리에A에서 봤던 골들 중 가장 굉장한 골로 손꼽힙니다.

스탄코비치는 마치 그런 골의 전문가이기라도 한 듯, 2011년에도 챔피언스리그에서 샬케의 노이어를 상대로 아주 비슷한 골을 넣었답니다.

데얀 스탄코비치

140

필리포 인자기(Filippo Inzaghi, AC 밀란) 67분(1:1)

2010년 8월 25일, 캄 노우, 바르셀로나(스페인)
2010 주앙 감페르 트로피(FC 바르셀로나의 창립자인 주앙 감페르를 기리기 위한 친선 경기-옮긴이),
FC 바르셀로나 1:1 AC 밀란(페널티 킥 3:1)

슈퍼 피포(Pippo)

필리포 인자기

슈퍼 피포가 쉬운 골만 넣는다고 생각했던 사람들에게 본때를 보여준…
캄 노우에서의 발리슛.

141

스튜어트 피어스(Stuart Pearce, 노팅엄 포레스트) 16분(0:1)

1991년 5월 18일, 웸블리 스타디움, 런던(잉글랜드)
FA컵 결승전, 토트넘 홋스퍼 2:1 노팅엄 포레스트

작렬

윙어인 개리 크로스비가 노련한 움직임으로 토트넘의 주장인 개리 매벗을 옆으로 밀어 구멍을 만들어 준 덕분에, 피어스는 폭발적인 슛을 날릴 수 있었습니다.

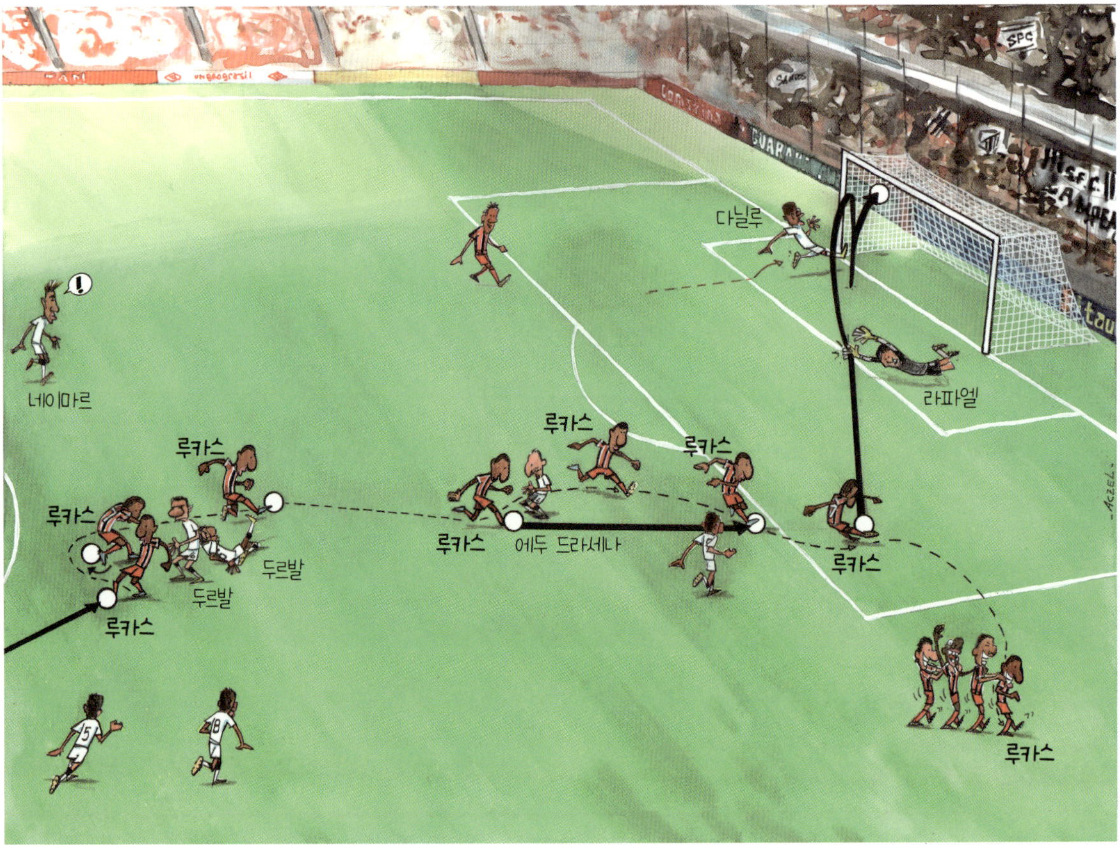

142

루카스 모우라(Lucas Moura, 상파울루 FC)   45분(0:1)

2011년 8월 28일, 이스타지우 우르바누 칼데이라, 산투스(브라질)
캄페오나투 브라질레이루, 19R, 산투스 FC 1:1 상파울루 FC

헌정

루카스 모우라는 네이마르가 보는 앞에서 마라도나 못지않은 회전과 펠레 못지않은 기술을 선보이며 골을 넣었습니다.

143

레오나르도 블랑샤르(Leonardo Blanchard, 프로시오네 칼초) 31분(1:1)

2015년 11월 8일, 스타디오 마투사, 프로시오네, 라치오(이탈리아)
세리에A, 12R, 프로시오네 칼초 2:2 제노아 CFC

두 번 만에 성공

"오버헤드킥을 시도했다가 실패하고는 창피해서 바닥에 누워 있는데, 부르디소가 걷어 찬 공이 저에게 오더군요. 누운 상태에서 본능적으로 잘 안 쓰는 발을 뻗어 다시 한번 오버헤드킥을 찼고, 공은 골문 오른쪽 위 구석으로 골인했죠. 다시 하라면 아마 못할 거예요."

144 다비드 비야(David Villa, 뉴욕 시티 FC)   90분(0:2)

2017년 4월 14일, 탈렌 에너지 스타디움, 체스터, 펜실베이니아(미국)
메이저리그 사커(MLS), 6R, 필라델피아 유니언 0:2 뉴욕 시티 FC

무지개 같은 포물선

다비드 비야는 FC 바르셀로나에서, 그리고 스페인 국가대표로 뛸 때도 승승장구했습니다. 그래도 선수 생활 동안 가장 멋졌던 골은 뉴욕 시티 FC 소속일 때 MSL에서 넣은 골이었죠. 비록 나중에 비공식적으로, 사실은 너무 힘들어서 더는 달릴 수가 없었기에 그런 원거리 슛을 찬 거라고 말했지만요.

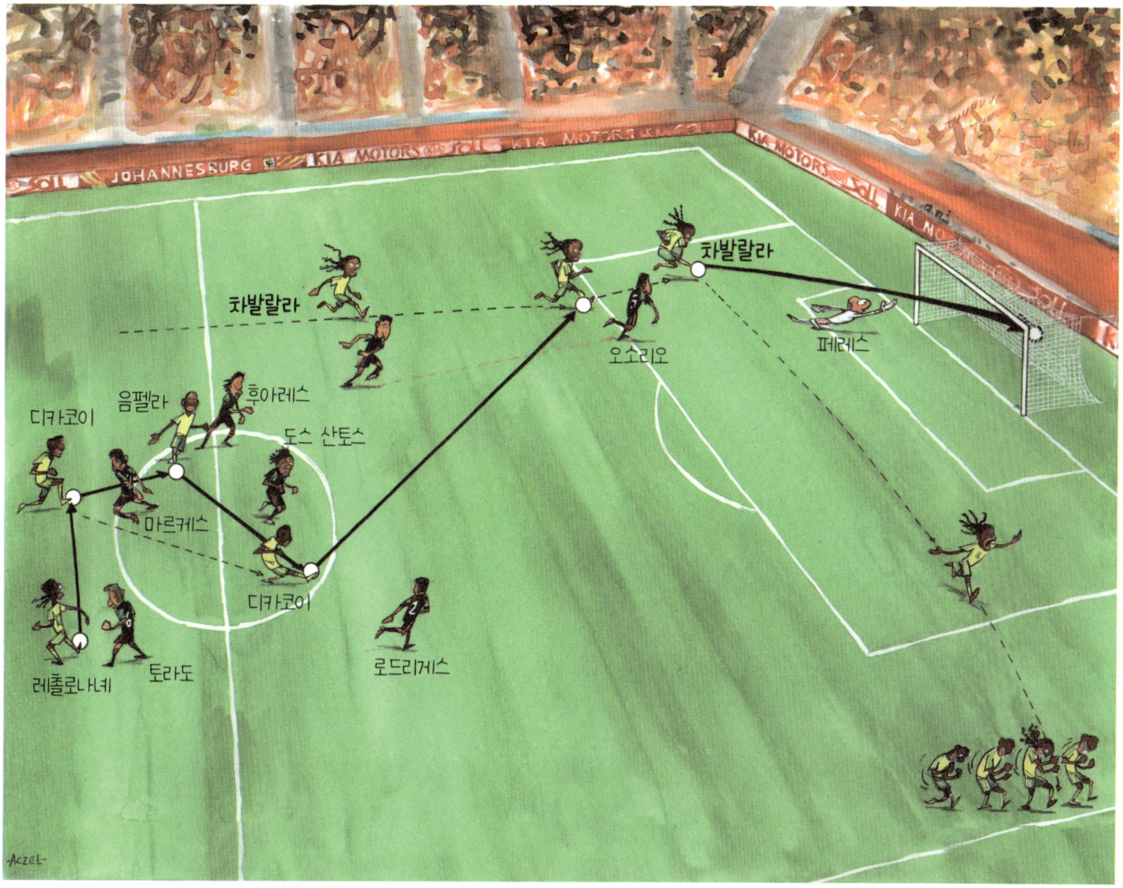

145

로렌스 시피웨 차발랄라(Lawrence Siphiwe Tshabalala, 남아프리카공화국)

55분(1:0)

2010년 6월 11일, 사커 시티, 요하네스버그(남아프리카공화국)
2010 남아공 월드컵, A조, 남아프리카공화국 1:1 멕시코

아프리카를 위해

아프리카 땅에서 기록한 첫 월드컵 골로 아프리카 전역은 축제 분위기에 휩싸였습니다. 그 이후로는 부부젤라 소리가 끊이지 않았답니다.

146

숀 바틀렛(Shaun Bartlett, 찰턴 애슬레틱) 82분(2:0)

2001년 4월 1일, 더 밸리(스타디움), 찰턴, 런던(잉글랜드)
프리미어리그, 31R, 찰턴 애슬레틱 2:0 레스터 시티

포탄

이 골은 무려 티에리 앙리의 골을 제치고 시즌 최고 골로 선정되었습니다. "경기장에 있는 그 누구도 제가 곧장 슛을 할 거라고 예상하지 못했습니다. 공이 낮게 떠서 날아가는 순간, 저는 그것이 포탄으로 변할 거란 걸 알았죠", 바틀렛은 말했습니다.

147 즈비그니에프 보니에크 (Zbigniew Boniek, 폴란드) 3분(1:0)

1982년 6월 28일, 캄 노우, 바르셀로나(스페인)
1982 스페인 월드컵, 파이널 라운드, A조, 폴란드 3:0 벨기에

폴란드 축구 역사상 최고의 플레이

폴란드 축구의 황금기를 그대로 보여준 훌륭한 플레이였습니다. 선수들은 국민 영웅이 되었죠. 폴란드는 1974 서독 월드컵에서처럼 1982 스페인 월드컵에서도 3위에 올랐습니다. 오늘날까지도 이 시기의 폴란드 축구에 관한 무용담은 사람들의 입에 오르내린답니다.

보니에크

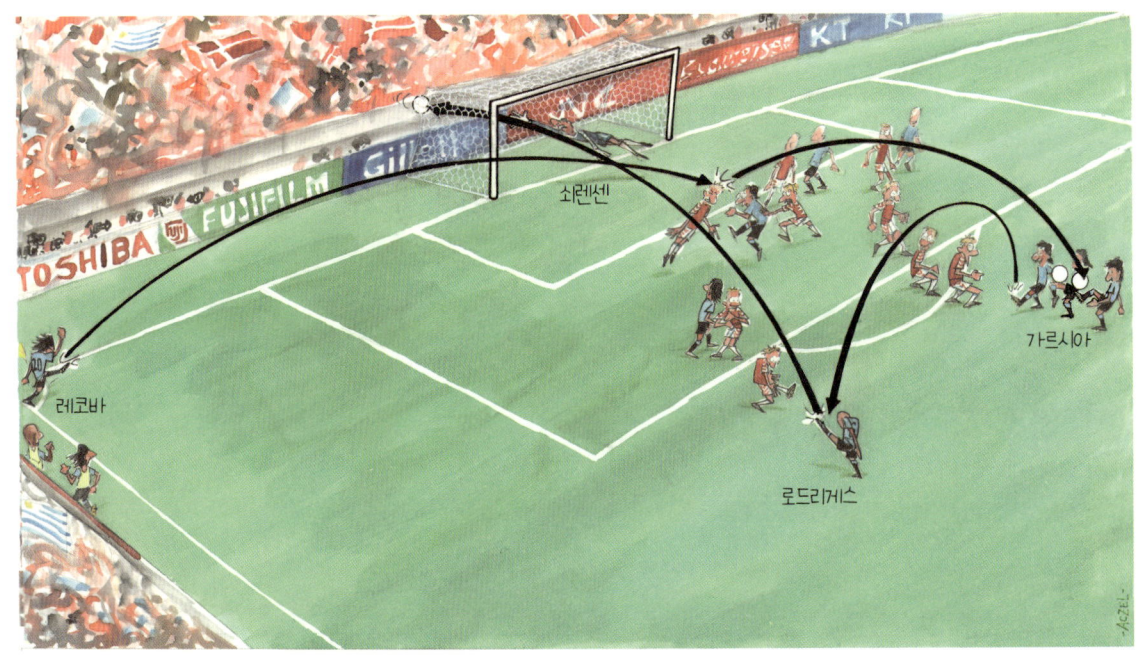

148

다리오 로드리게스(Dario Rodriguez, 우루과이) 46분(1:1)

2002년 6월 1일, 울산 문수 축구 경기장, 울산(한국)
2002 한일 월드컵, A조, 우루과이 1:2 덴마크

우루과이의 자랑

원거리 발리슛을 좋아하지 않는 사람은 없을 겁니다. 그것도 중요한 월드컵 경기에서 수비수가 넣은 것이라면, 게다가 팀 동료가 키피 어피(keepy uppy, 공을 떨어뜨리지 않고 이어서 리프팅하는 기술-옮긴이)를 하다가 패스해 준 공으로 넣은 것이라면, 아주 특별하다고 할 수 있겠죠. "어렸을 때는 공격수를 꿈꿨지만 수비수가 되었습니다. 내로라하는 공격수들의 골과 함께 제 골이 월드컵 최고의 골로 손꼽히게 되다니, 정말 자랑스러워요." 이로써 로드리게스는 짧은 순간이나마 어릴 적 꿈을 이루었으며 대단한 골을 넣은 선수로 역사에 기록되었답니다.

149

리누스 할레니우스(Linus Hallenius, 함마르뷔 IF)　　　66분(0:2)

2010년 6월 20일, 쇠데르텔리에 축구 경기장, 쇠데르텔리에(스웨덴)
스웨덴 수페레탄(Superettan, 스웨덴 축구 2부리그-옮긴이), 12R, 쉬리안스카 FC 0:2 함마르뷔 IF

제법인데!

이 골은 2010년 최고의 골에 수여하는 피파 푸스카스상 2위를 차지했습니다. 1위는 하밋 알틴톱(127쪽)이었죠. 하지만 메시, 나시, 네이마르의 골을 제치고 선정되었다는 것은 21세의 스웨덴 2부리그 선수로서는 믿기 힘든 성공이었답니다.

150 카를로스 루이스(Carlos Ruiz, 필라델피아 유니언) 75분(2:1)

2011년 5월 22일, 탈렌 에너지 스타디움, 체스터, 펜실베이니아(미국)
메이저리그 사커(MLS), 3R, 필라델피아 유니언 2:1 시카고 파이어 FC

두 번째 기회

루이스의 골은 잘못 찬 프리킥을 만회하는 좋은 본보기를 보여줍니다.

151

카밀루 산베주(Camilo Sanvezzo, 밴쿠버 화이트캡스) 78분(2:2)

2013년 10월 6일, BC 플레이스, 밴쿠버(캐나다)
메이저리그 사커(MLS), 31R, 밴쿠버 화이트캡스 2:2 포틀랜드 팀버스

'올해의 MLS 최고 골'

"그 어떤 일도 가능한, 모든 게 원하는 대로 이루어지는 경기였어요."

152 존 반스(John Barnes, 잉글랜드) 44분(0:1)

1984년 6월 10일, 마라카낭, 리우데자네이루(브라질)
국제 친선 경기, 브라질 0:2 잉글랜드

친선 경기에서의 마라카나조*

마라카낭 한가운데에서 브라질 수비진 전체를 제치고 넣은 반스의 골은 잉글랜드인들이 꼽는 최고의 골들 중 하나입니다. 반면에 브라질 팬들은 기억하지 못하죠. "엥? 잉글랜드가 이런 골을 넣었다고요? 진짜 리우데자네이루에서 넣은 게 맞나요? 그럴 리가요!"

* Maracanazo, '마라카낭의 비극'이라는 뜻-옮긴이

153

마르셀로 발보아(Marcelo Balboa, 콜로라도 래피즈) 55분(1:2)

2000년 4월 22일, 콜럼버스 크루 스타디움, 콜럼버스, 오하이오(미국)
메이저리그 사커(MLS), 6R, 콜럼버스 크루 2:3 콜로라도 래피즈

미국 태생

수비수인 발보아는 미국 국가대표팀의 위대한 주장이었습니다. 1994년 월드컵에서도 오버헤드킥 시도로 세계인들의 주목을 끌었던 적이 있었던 선수이죠. 결국 그는 은퇴 직전에 멋진 오버헤드킥 골을 성공시켰습니다. 이 골은 MLS 역사상 최고 골들 중 하나로 평가받는답니다.

마르셀로 발보아

154 디트마 하만(Dietmar Hamann, 리버풀 FC)   6분(1:0)

2004년 3월 17일, 앤필드, 리버풀(잉글랜드)
프리미어리그, 28R, 리버풀 FC 3:0 포츠머스 FC

잘 맞은 골

경기장 구석 근처에서 공을 살려낸 오웬은 되돌아오던 중 하만을 보고 공을 완벽하게 띄워 패스를 날렸습니다. "저는 어떤 공이든 슛을 날렸습니다. 그런 공은 수천 번이고 다시 찰 수 있겠지만, 결코 다시 그렇게 힘차게 골을 넣을 수는 없을 거예요", 하만은 말했죠. 이 골은 시즌 최고 골이 되었고, 리버풀은 이 골 덕분에 챔피언스리그에 나가 우승까지 했답니다.

155 게리 리네커 (Gary Lineker, 토트넘 홋스퍼)   14분(1:0)

1991년 10월 23일, 화이트 하트 레인, 토트넘, 런던(잉글랜드)
UEFA컵 위너스 컵, 2라운드, 1차전, 토트넘 홋스퍼 3:1 FC 포르투

잉글랜드의 골잡이

"저는 아주 대단한 골을 넣은 적은 없지만, 제 기억으로는 이것이 가장 훌륭한 골이었습니다", 호감형인 이 잉글랜드 선수는 들떠서 말합니다. 그는 16년간의 선수 생활 동안 레드카드는 물론이고 옐로카드조차 단 한 장도 받지 않았답니다.

156 가이스카 멘디에타 (Gaizka Mendieta, 발렌시아 CF)   80분(2:3)

1999년 2월 17일, 캄 노우, 바르셀로나(스페인)
코파 델 레이, 8강전, 1차전, FC 바르셀로나 2:3 발렌시아 CF

즉흥적인 코너킥

"재미있는 사실은 우리가 그걸 한 번도 연습한 적이 없었다는 거예요. 제가 손을 들어 주변이 비어 있음을 알리자, 일리에는 공을 제 발 위로 완벽하게 패스해주었죠. 저는 공을 아주 멋지게 골문 깊숙이 꽂아 넣었고요." 멘디에타가 주장으로 있던 이때는 발렌시아의 황금기였습니다. 발렌시아는 바르셀로나와 레알 마드리드를 제치고 아틀레티코 마드리드와 싸워 코파 델 레이에서 우승을 거두었답니다.

157 크리스티안 마조(Christian Maggio, SSC 나폴리)   45+1분(0:1)

2010년 1월 24일, 스타디오 아르만도 피키, 리보르노, 토스카나(이탈리아)
세리에A, 21R, AS 리보르노 0:2 SSC 나폴리

판 바스텐처럼

판 바스텐이 유로 1988에서 넣었던 것(12쪽)과 아주 비슷한 골이었습니다. 각도가 조금 더 유리했고, 비교적 덜 중요한 경기였다는 점만 빼면 말이에요. 그래도 그만큼 완벽한 골이었답니다.

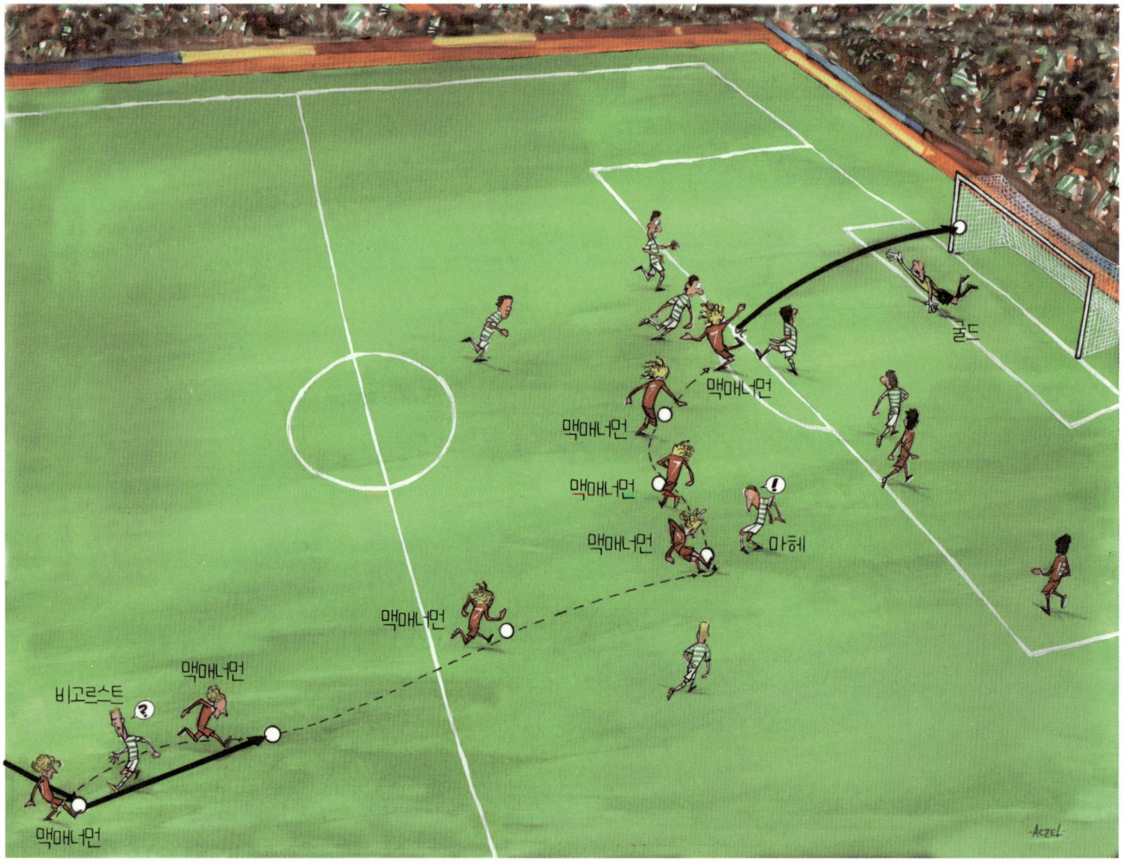

158 스티브 맥매너먼(Steve McManaman, 리버풀 FC) 89분(2:2)

1997년 9월 16일, 셀틱 파크, 글래스고(스코틀랜드)
UEFA컵, 1라운드, 1차전, 셀틱 FC 2:2 리버풀 FC

달리기

"공을 받고 달리기 시작했을 때는 골대에서 너무 멀리 떨어져 있어서 골을 넣을 거라고는 생각도 못했습니다."

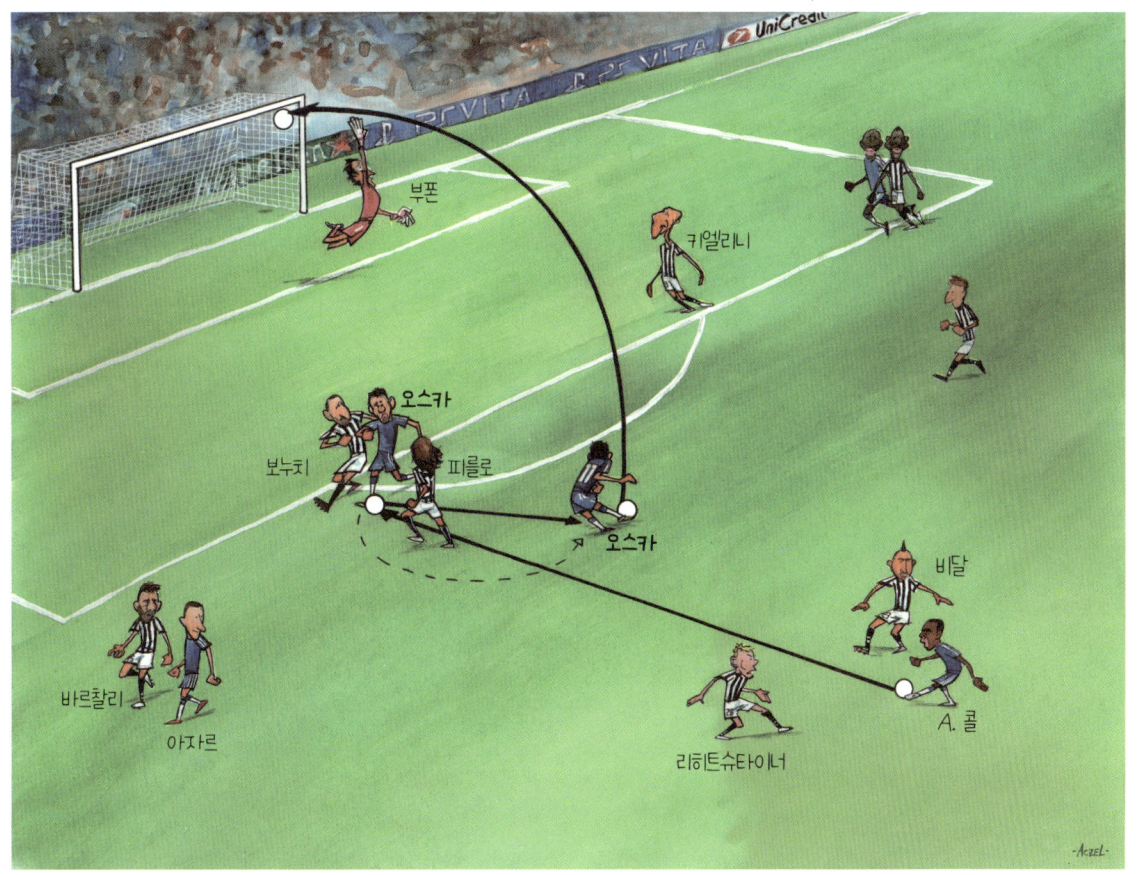

159 오스카(Oscar, 첼시 FC)   33분(2:0)

2012년 9월 19일, 스탬퍼드 브릿지, 런던(잉글랜드)
챔피언스리그, E조, 첼시 FC 2:2 유벤투스

최고의 수비를 뚫다

브라질 SC 인테르나시오나우에서 첼시로 막 이적한 오스카가 챔피언스리그에서 넣은 데뷔골이었습니다. 그것도 역대 최고의 수비진을 자랑하던 유벤투스를 상대로 말이에요. 그는 보누치 앞에서 몸을 한 바퀴 빙 돌리는 '베르캄프식' 패스로 공을 찬 뒤, 다시 그 공을 골문 구석에 넣었습니다. 피를로는 마치 '자식, 정말 잘하는데?'라고 말하는 듯한 표정으로 그 모습을 지켜보았죠.
그 뒤 그는 25세밖에 안 된 나이에 중국으로 건너가, 중국 축구의 대중화에 힘썼답니다.

160

필립 람(독일)

2008년 6월 25일, 장크프 야콥 파크, 바젤(스위스)
유로 2008, 준결승전, 독일 3:2 터키

90+1분(3:2)

구원

터키와의 경기는 그야말로 롤러코스터를 타는 것과 같았습니다. 히츨슈페르거와의 더블 패스 끝에 골문 앞에 서게 된 람은 평정심을 잃지 않고 3대 2라는 최종 점수를 만들어냈습니다. 이 골로 터키인들의 가슴은 무너졌지만, 독일은 결승전에 진출하게 되었죠. 이 경기에서 람이 보여준 리더십은 그가 주장이 될 자격이 있음을 알려주는 척도 역할을 했답니다.

161

아리에 한(Arie Haan, 네덜란드) 75분(2:1)

1978년 6월 26일, 에스타디오 모누멘탈, 부에노스아이레스(아르헨티나)
1978 아르헨티나 월드컵, A조, 2라운드, 네덜란드 2:1 이탈리아

안 될 게 뭐 있어? 그냥 차!

한은 70년대 네덜란드 국가대표팀에서 중원을 책임졌던 주전 선수였습니다. 그가 출전했던 1974 서독 월드컵과 1978 아르헨티나 월드컵에서 네덜란드는 모두 준우승을 했죠. 아주 먼 거리에서 찬 그의 골들은 쉽게 잊히지 않습니다. 그중에서도 최고는 세계 정상급 골키퍼였던 디노 조프(Dino Zoff)를 상대로 넣은 골로, 네덜란드가 결승전에 진출하는 데 굉장한 기여를 했답니다.

162 다보르 슈케르(Davor Šuker, 크로아티아)   90분(3:0)

1996년 6월 16일, 힐즈버러 스타디움, 셰필드, 요크셔험버(잉글랜드)
유로 1996, 크로아티아 3:0 덴마크

좋은 첫인상

처음으로 유로 대회에 참가한 크로아티아는 조별 리그에서 지난 대회 우승팀인 덴마크와 붙게 되었습니다. 신생 독립국이었던 크로아티아는 축구를 잘하는 모습을 보여주고 싶었죠. "초반에 경기를 지배했던 것이 관건이었고, 나머지는 즉흥적으로 이루어진 것 같아요. 물론 연습 때에도 그런 슛을 많이 해봤지만요. 당시 최고의 골키퍼였던 슈마이켈과, 지난 대회 우승팀을 상대로 넣은 골이라 더욱 의미가 있었습니다. 게다가 우리 팀의 데뷔 무대이기도 했고요. 우리나라에는 정말 중요한 골이었죠."

163 마르코스 세나 (Marcos Senna, 비야레알 CF) — 15분 (0:1)

2008년 4월 27일, 에스타디오 베니토 비야마린, 세비야(스페인)
라리가, 34R, 레알 베티스 0:1 비야레알 CF

놀라운 골

믿을 수 없는 일이었습니다. 정말 멋진 골인 데다 승리를 가져온 골이었고, 덕분에 비야레알은 우승으로 가는 결정적인 관문을 통과하게 되었으니까요. 이 팀은 비야레알 역사상 최고의 팀이라는 평가를 받았고, 세나는 시즌 최고 선수로 선정되었답니다.

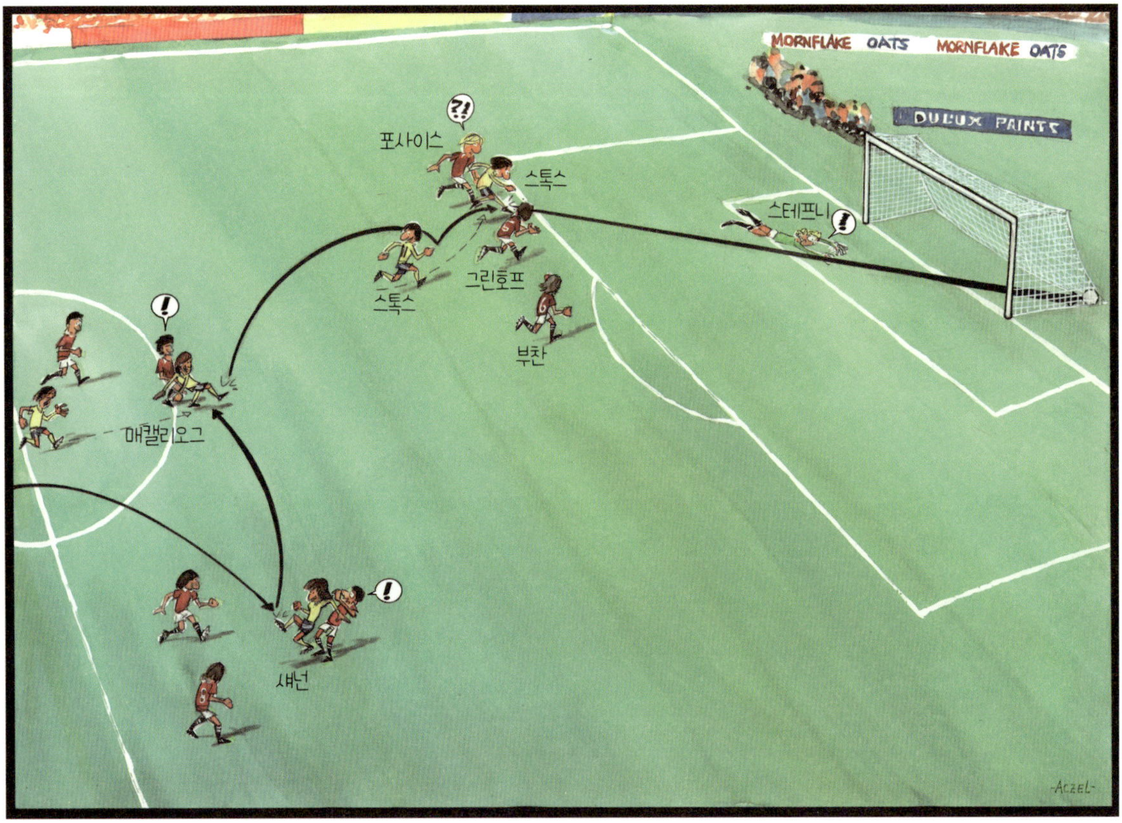

164

바비 스톡스(Bobby Stokes, 사우샘프턴) 83분(0:1)

1976년 5월 1일, 웸블리 스타디움, 런던(잉글랜드)
1976 FA컵, 결승전, 맨체스터 유나이티드 0:1 사우샘프턴

사우샘프턴의 가장 유명한 골

FA컵 역사상 가장 충격적인 결승전이었습니다. 모두의 예상을 뒤엎고 약체가 우승을 했으니까요. 불과 몇 주 전에 운전면허를 땄던 스톡스는 이 골을 넣은 데 대한 보상으로 자동차를 얻었답니다.

BOBBY STOKES
바비 스톡스

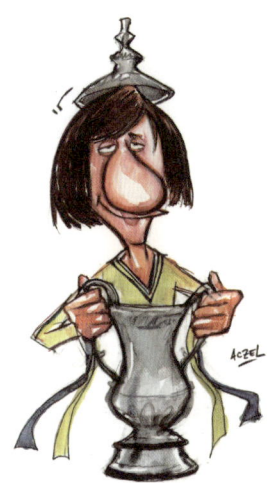

165   **니우마르**(Nilmar, SC 인테르나시오나우)   9분(0:1)

2009년 5월 10일, 이스타지우 두 파카엠부, 상파울루(브라질)
캄페오나투 브라질레이루, 1R, 코린치앙스 0:1 SC 인테르나시오나우

여러 번 돌려 볼 것

브라질 TV의 한 해설자는 이 결승골에 대해 이렇게 설명했습니다.
"이건 단순한 골이 아니라 그림이네요."
이 골은 말이 필요 없습니다. 그냥 박수를 치면서 다시 한번 돌려 보세요.

166

빔 용크(Wim Jonk, 아약스) 17분(0:1)

1992년 4월 29일, 스타디오 델레 알피, 토리노(이탈리아)
UEFA컵, 결승전, 1차전, 토리노 칼초 2:2 아약스

원거리 슛

1992년 UEFA컵 결승전은 1차와 2차로 나누어 개최되었습니다. AFC 아약스는 원정 다득점 원칙(1, 2차전 합계 득점이 같을 때 원정 경기에서 더 많은 득점을 올린 팀이 승리하는 제도-옮긴이)뿐만 아니라 빔 용크의 멋진 원거리 슛 덕분에 승리를 확보할 수 있었습니다. 아약스의 수비수가 넣은 이 뜻밖의 골은 결승전 승리의 열쇠가 되었으며, 아약스는 UEFA가 주관하는 3개의 클럽 대항전에서 모두 우승한 두 번째 클럽이 되었답니다.

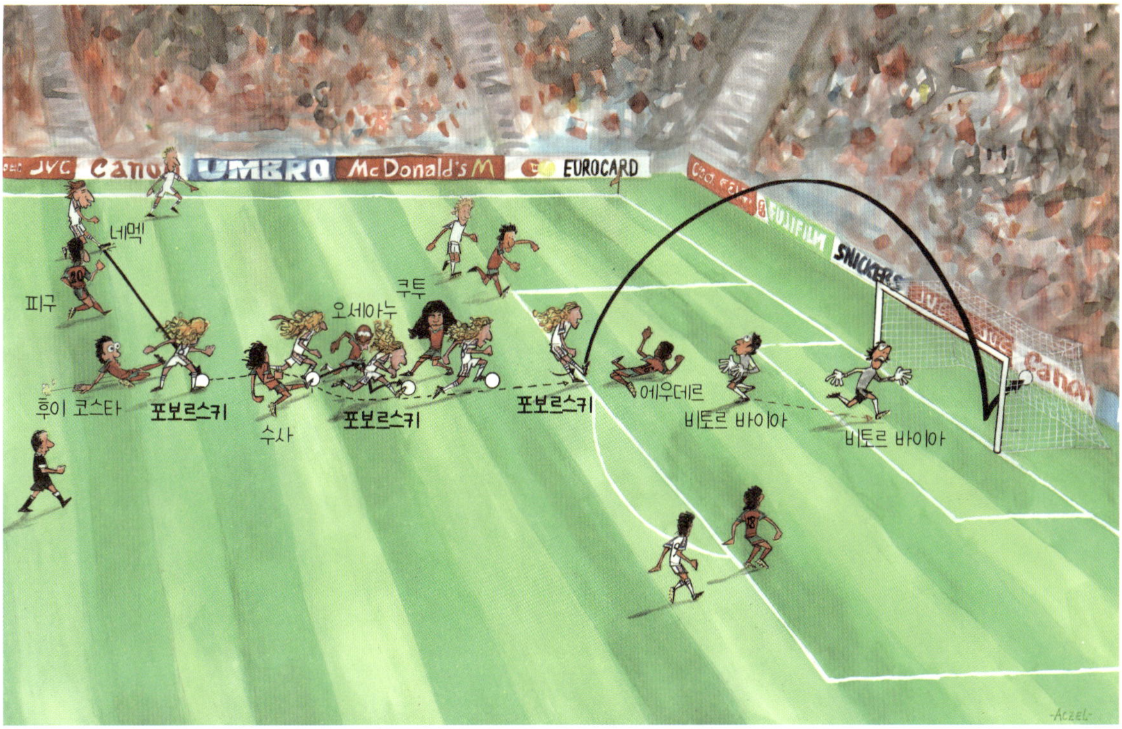

167 카렐 포보르스키(Karel Poborský, 체코) 54분(1:0)

1996년 6월 23일, 빌라 파크, 웨스트미들랜즈(잉글랜드)
유로 1996, 8강전, 체코 1:0 포르투갈

헝클어진 머리의 사나이

이 대회에서는 기억에 남을 만한 멋진 골들이 속속 터졌지만, 그중에서도 포보르스키의 골이 최고였습니다. 덕분에 포르투갈을 제치고 결승전까지 진출하게 된 체코에게도 최고의 골이었죠. 하지만 안타깝게도 대회 최고의 골은 최초의 골든 골로 독일을 우승하게 만든 비어호프에게 돌아갔답니다.

포보르스키

168 시망(Simão, 벤피카) 36분(0:1)

2006년 3월 8일, 안필드, 리버풀(잉글랜드)
챔피언스리그, 16강전, 2차전, 리버풀 FC 0:2 벤피카

미션 임파서블

"우리가 안필드에서 기회를 잡으리라고는 아무도 생각지 못했습니다. 하지만 누누 고메스가 공간을 만들어 준 덕분에 슛을 날릴 수 있었죠. (저와 아는 사이인)골키퍼는 제가 어느 곳을 겨냥하는지 알면서도 슛을 막을 수 없었다고 말했습니다. 벤피카의 팬들은 저에게 열렬한 환호를 보냈어요. 그 골을 넣은 게 마치 어제 일처럼 생생하답니다."

169

레이 팔러(Ray Parlour, 아스널 FC) 70분(1:0)

2002년 5월 4일, 밀레니엄 스타디움, 카디프(웨일스)
2002 FA컵 결승전, 아스널 FC 2:0 첼시 FC

"겨우 레이 팔러잖아요."

한 첼시 담당 기자는 좀처럼 골을 넣지 못했던 팔러가 공을 받자 이렇게 말했습니다. 이날은 분명 아스널과 팔러의 날이었습니다.

170

데이비드 플랫(David Platt) 56분(2:1)

1994년 2월 8일, 스타디오 루이지 페라리스, 제노바(이탈리아)
코파 이탈리아, 준결승, 삼프도리아 2:1 파르마 칼초

삼프도리아의 행복한 나날

"안코나를 비하하려는 것은 아니지만, 아무리 준결승이었어도 이 골을 넣고 나니 마치 우승컵을 얻은 것 같은 느낌이었습니다. 결승전에서는 세리에B의 안코나와 맞붙을 예정이었으니까요." 삼프도리아는 정말로 우승컵을 들어 올리게 되었습니다. 아직까지는 그게 마지막 우승이랍니다.

171 스탠 콜리모어(Stan Collymore, 리버풀 FC)

1995년 8월 19일, 안필드, 리버풀(잉글랜드)
프리미어리그, 1R, 리버풀 FC 1:0 셰필드 웬즈데이

61분(1:0)

안필드에서의 데뷔

리버풀은 공격수인 콜리모어의 데뷔에 큰 기대를 걸고 있었습니다. 당시 프리미어리그 최고 이적료를 경신한 장본인이었으니까요. "걱정이 되어서 경기 전날 밤 잠을 이루지 못했습니다. 그런데 데뷔전에서 그런 골을 넣다니, 정말 꿈만 같았어요."

172 로베르 에마뉘엘 피레 (Robert Emmanuel Pires, 아스널 FC)　　60분(1:2)

2002년 3월 17일, 빌라 파크, 애스턴, 버밍엄(잉글랜드)
프리미어리그, 30R, 애스턴 빌라 1:2 아스널 FC

"모든 게 성공적이었어요!"

"2001-02시즌은 저에게 최고의 시즌이었습니다. 감독님(아르센 벵거)은 저를 엔진의 오일과 같은 존재라고 하셨죠. 그해에 저는 최고의 축구를 선보였습니다. 무엇을 시도하든 성공적이었고요. 선수 생활 동안 좋은 골들을 몇 차례 넣었지만 기술적으로는 이 골이 최고였습니다."

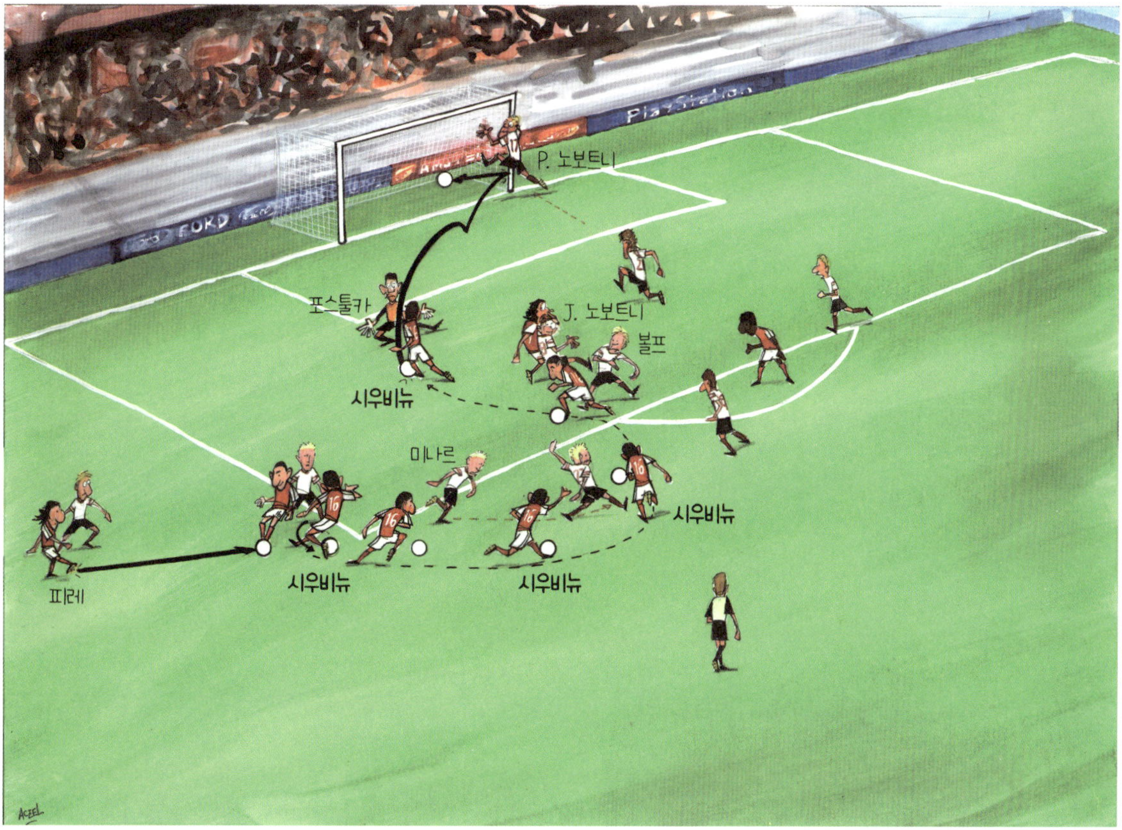

173

시우비뉴(Sylvinho, 아스널 FC)   33분(0:1)

2000년 9월 12일, 스타디온 레트나, 프라하(체코)
챔피언스리그, B조, 스파르타 프라하 0:1 아스널 FC

"다른 방도가 없었어요."

"패스를 받을 만한 사람이 없었습니다. 어떻게든 혼자서 그 상황을 해결해야 했죠." 아스널에서 뛴 최초의 브라질인이었던 그는 공격수로서 최고의 자질을 지닌 선수였답니다.

시우비뉴

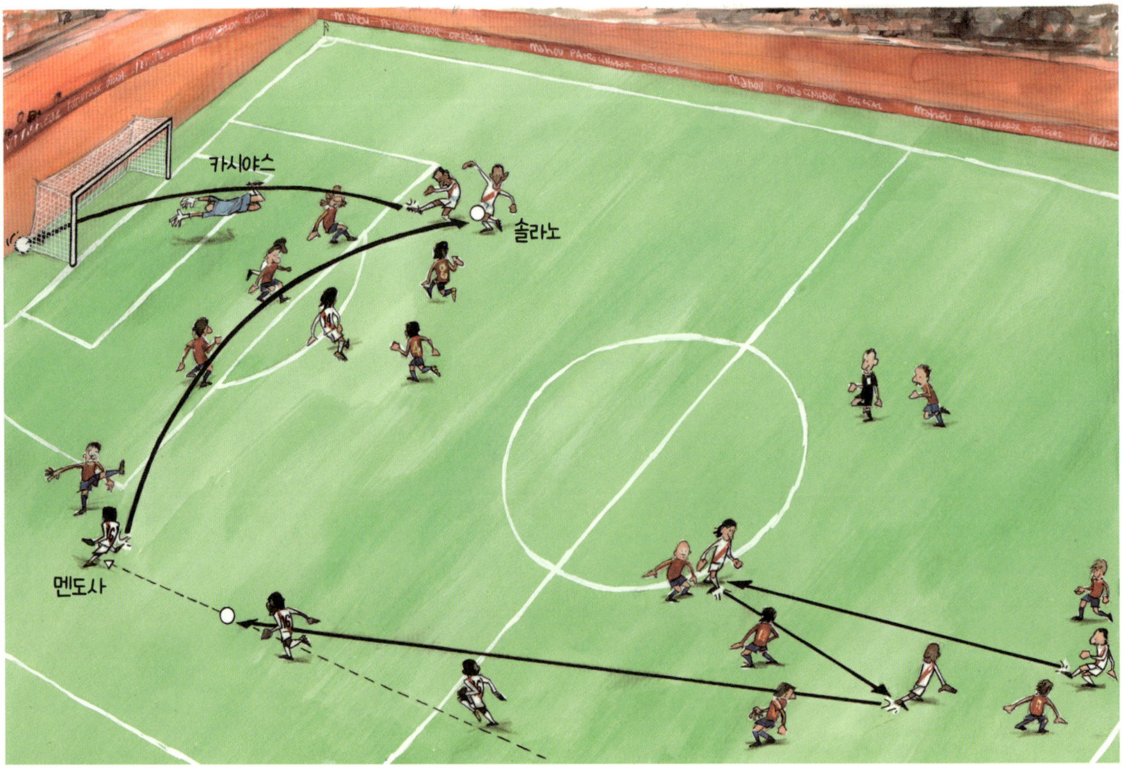

174

놀베르토 솔라노(Nolverto Solano, 페루) 21분(0:1)

2004년 2월 18일, 에스타디 올림픽 류이스 콤파니스, 바르셀로나(스페인)
친선 경기, 스페인 2:1 페루

보란 듯이

이 멋진 플레이는 스타 선수들이 많은 스페인 팀이 아닌, 페루 팀에서 나왔습니다.

"그런 훌륭한 팀과 시합하는 게 흔치 않았던 우리로서는 더욱 특별한 일이었습니다."

175

달링턴 나그비(Darlington Nagbe, 포틀랜드 팀버스)　　　　45분(1:2)

2011년 7월 2일, 프로비던스 파크, 포틀랜드, 오리건(미국)
메이저리그 사커(MLS), 16R, 포틀랜드 팀버스 1:2 스포팅 캔자스시티

묘기 부리기

나그비는 마치 공원에서 친구들과 게임을 하듯이 공을 가지고 놀다가, 막을 수 없는 슛으로 마무리했습니다. 이 골은 2011년 MLS의 최고 골이 되었답니다.

176

우고 페로티 (Hugo Perotti, 보카 주니어스)　　　　　38분(1:0)

1981년 7월 19일, 라 봄보네라, 라 보카, 부에노스아이레스(아르헨티나)
캄페오나토 메트로폴리타노, 30R, 보카 주니어스 1:0 에스투디안테스 데 라플라타

가티, 골문 밖으로 나오다!

보카 주니어스의 골키퍼 가티는 엉뚱한 행동으로 유명했습니다. 이번에는 그런 행동이 아주 인상적인 골을 만들어냈죠. 깊숙이 날아든 상대 팀의 패스를 본 그는 페널티 에어리어 밖으로 달려 나와 그것을 끊어버렸습니다. 하지만 그는 공을 패스하지 않고 경기장 중앙까지 드리블하다가 페로티에게 넘겨주었고, 페로티 역시 멋지게 달려(수비수들 사이로 통과하는 것을 포함) 보카 팬들이 잊지 못할 골로 마무리를 지었습니다. 이 시즌은 또한 마라도나가 보카 주니어스에서 처음으로 출전한 선수권 대회였기에 더욱 기억에 남는답니다.

177 디보크 오리기 (Divock Origi, 리버풀 FC)   79분(4:0)

2019년 5월 7일, 안필드, 리버풀(잉글랜드)
챔피언스리그, 준결승전, 2차전, 리버풀 FC 4:0 FC 바르셀로나

'You'll never walk alone'*

새로운 형태의 크루이프 턴. 트렌트 알렉산더 아놀드는 코너킥 기회를 샤키리에게 넘기려는 것처럼 행동했습니다. 바르셀로나가 아무것도 눈치채지 못하고 있을 때, 그는 갑자기 몸을 돌려 오리기에게 코너킥을 찼고, 오리기는 능수능란한 슛으로 점수를 4대 0으로 만들었죠. 1차전 때에는 바르셀로나에 3대 0으로 졌었는데 말이에요. 볼 보이의 재빠른 반응도 그 기적의 코너킥에 남몰래 일조했어요. 알렉산더 아놀드는 그 코너킥이 미리 연습된 것이 아니라 순전히 본능에 의한 것이었다고 말했답니다.

* 리버풀 FC의 응원가 제목-옮긴이

178

피에르 판 호이동크 (Pierre van Hooijdonk, 페네르바체)   14분(0:1)

2007 에페스(EFES)컵, 준결승전, (터키)

갈라타사라이 1:2 페네르바체

"몬드라곤이 축하해줬어요"

호이동크는 터키 클라시코 경기 중에 하프라인에서 차 넣은 이 골로, 라이벌 팀원들로부터도 칭찬을 받았답니다.

판 호이동크

179 토마시 하이토 (Tomasz Hajto, 구르니크 자브제)   81분(0:1)

2008년 3월 22일, 스타디온 임 에드바르다 심코비아카, 비톰(폴란드)
엑스트라클라사(Ekstraklasa, 폴란드 프로축구 1부리그-옮긴이), 22R, 폴로니아 비톰 0:1 구르니크 자브제

'기억에 남을 만한 골'

"제가 폴란드 클라시코 경기에서 선수 생활 중 최고의 골을 넣었을 때에는 관중이 한 명도 없었습니다(팬들의 입장이 통제되어 경기장이 텅 빈 상태). 묘하게도 샬케에서 뛰던 2001년에는 경기장이 가득 찼고, 경기 마지막 순간에 바이에른 뮌헨에 챔피언 자리를 빼앗기는 모습을 모두가 거대한 화면으로 지켜보았죠. 정말 끔찍했어요. 하지만 적어도 제 축구 인생에서 기억에 남을 만한 이런 멋진 골을 넣었으니 다행이죠."

180

마크 팔코(Mark Falco, 토트넘 홋스퍼)   43분(1:1)

1981년 8월 22일, 웸블리 스타디움, 런던(잉글랜드)

59치 FA 채리티 실드(Charity Shield, 매년 잉글랜드에서 프리미어리그 우승팀과 FA컵 우승팀이 단판으로 벌이는 경기로 현대는 커뮤니티 실드라 불린다-옮긴이), 토트넘 홋스퍼 2:2 애스턴 빌라

즐거운 눈요기

이미 홋스퍼의 진영에서부터 시작된, 자로 잰 듯한 세 명의 완벽한 플레이.

181

벤 그리핀(Ben Griffin, 브리즈번 로어 FC)   40분(1:1)

2006년 12월 16일, 센트럴 코스트 스타디움, 고스퍼드(호주)
A리그(A-League, 호주의 최상위 프로축구리그-옮긴이), 17R, 센트럴코스트 매리너스 2:3 브리즈번 로어 FC

본능

"저는 수비수인지라 하프라인을 넘어갈 일이 거의 없었습니다. 그날은 본능에 따라 미친 사람처럼 골 에어리어까지 달려가 높이 뜬 로빙슛을 받았죠. 타이밍은 완벽했고, 제 발 위에는 공이 아니라 터보 엔진이 올라 있는 것 같았어요. 잘못 차면 바다까지 날아갈 것 같았다니까요."(그 경기장은 바닷가에 있다).

이 골은 그가 선수 생활 동안 처음이자 마지막으로 넣은 골이었답니다.

182

알바로 레코바(Alvaro Recoba, 인터 밀란)　　　　85분(2:1)

1997년 8월 31일, 스타디오 주세페 메아차, 산 시로, 밀라노(이탈리아)
세리에A, 1R, 인터 밀란 2:1 브레시아

숨은 보석

레코바는 데뷔전에서 두 골을 넣었습니다. 호나우두(브라질)도 같은 날 데뷔했죠. "그때까지 저는 그저 호나우두와 함께 들어온 낯선 선수에 불과했지만, 경기가 끝날 때쯤에는 관중들이 제 이름을 불러댔습니다. 그때의 기분은 결코 잊을 수 없을 거예요."

183   리 샤프 (Lee Sharpe, 맨체스터 유나이티드)   80분(2:2)

1994년 10월 19일, 올드 트래퍼드, 그레이터맨체스터(잉글랜드)
챔피언스리그, A조, 맨체스터 유나이티드 2:2 FC 바르셀로나

완전한 축구

비슷한 방식으로 마무리된 골들도 분명 있었지만, 이 골은 그것이 들어가기 전까지의 멋진 팀워크, 그리고 강적 FC 바르셀로나와 그 감독인 요한 크루이프를 상대로 넣은 골이라는 사실 때문에 유독 특별합니다.

샤프

184

헤수스 나바스(Jesus Navas, 세비야 FC)　　　　　　　　　　26분(0:2)

2005년 4월 24일, 에스타디오 산 마메스, 빌바오(스페인)
라리가, 33R, 아틀레틱 빌바오 1:3 세비야 FC

나의 클럽, 나의 첫 경기

어린 시절부터 소속되었던 팀을 위해 경기를 뛰는 것보다 더 좋은 일은 무엇일까요? 어쩌면 자신의 첫 골로 팀을 위한 득점을 올리는 것 아닐까요? 그것도 하프라인에서부터 드리블해 온 공을 페널티 에어리어 앞에서 왼발로 차서 골 구석에 골인시켰다면요? 그래요, 두말할 나위 없겠죠.

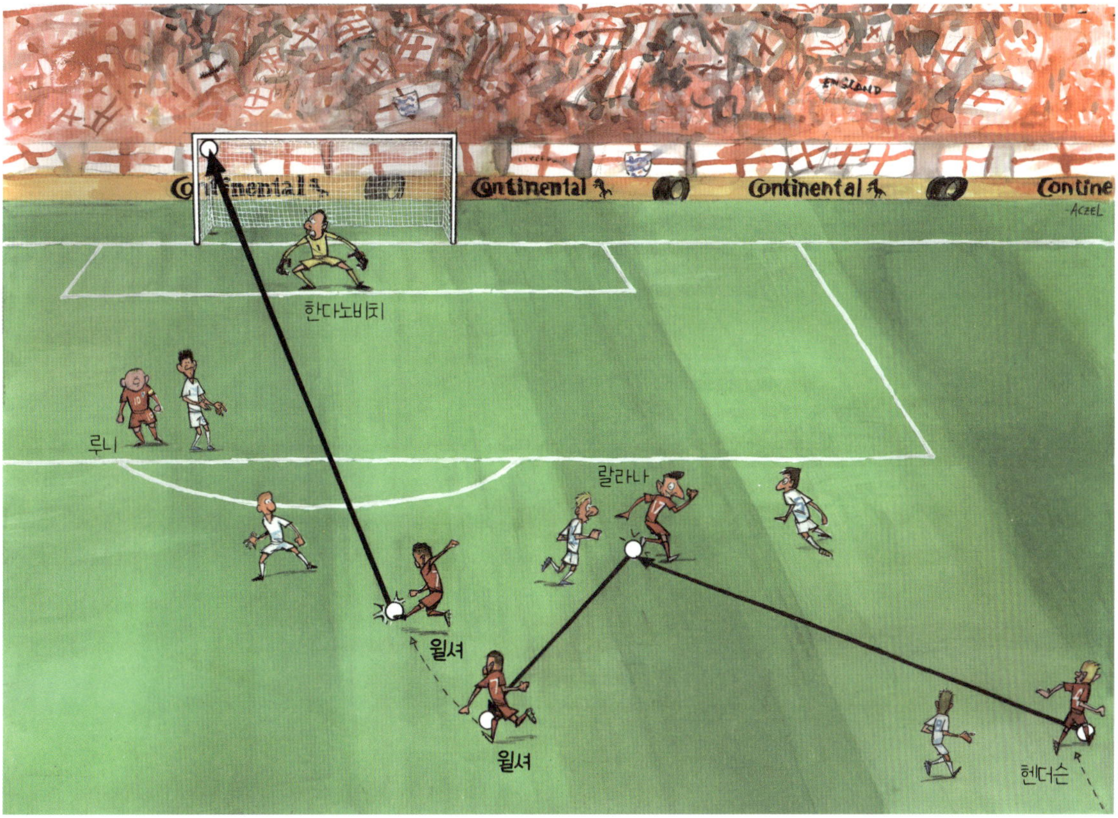

185

잭 윌셔(Jack Wilshere, 잉글랜드) 73분(1:2)

2015년 6월 14일, 스토지체 스타디움, 류블랴나(슬로베니아)
유로 2016 예선, E조, 슬로베니아 2:3 잉글랜드

좋은 날

윌셔는 잉글랜드 대표로 뛴 34경기 동안 두 골을 넣었는데, 둘 다 같은 경기에서였습니다. 그의 국제 대회 경력에서 가장 좋은 날이었죠. 그 이후로는 계속된 부상으로 더 이상 그런 날이 오지 않았답니다.

186 이안 라이트 (아스널) 40분(1:1)

1993년 8월 7일, 웸블리 스타디움, 런던(잉글랜드)
1993 FA 채리티 실드, 결승전, 아스널 1:1(승부차기 4:5) 맨체스터 유나이티드

기회주의자

"어떻게 한 거죠?" 해설자는 아주 작은 기회도 놓치지 않은 이안 라이트를 보고 깜짝 놀랐습니다. 하지만 안타깝게도 얼마 후 승부차기에서는 실수를 하는 바람에 승리로 가는 큰 기회를 놓치고 말았답니다.

187

딘 윈다스(Dean Windass, 헐 시티)   38분(0:1)

2008년 5월 24일, 웸블리 스타디움, 웸블리, 런던(잉글랜드)
2008 풋볼리그 챔피언십 플레이오프 결승전, 브리스틀 시티 0:1 헐 시티

짜여진 각본처럼

윈다스는 헐 시티가 최하위이던 시절부터 그곳에서 뛰었습니다. 헐 시티의 전설이 된 그는 이 골로 '호랑이 군단'을 최초로 프리미어리그에 진출시켰죠. "제 나이 서른아홉에 동네 축구클럽이었던 팀을 위해 관중으로 꽉 찬 경기장에서 경기를 하고 꿈꿔 왔던 목표를 달성하다니, 꼭 영화 같아요. 이만큼 기억에 남을 만한 플레이오프 결승전은 아마 없을 겁니다."

최고의 골키퍼 골

1 마르틴 한센(Martin Hansen, ADO 덴하흐)   90+5분(2:2)

2015년 8월 8일, 교세라 슈타디온, 헤이그(네덜란드)
에레디비지에, 1R, ADO 덴하흐 2:2 PSV 아인트호벤

공중 뒤꿈치 골

한센이 공중에 떠서 찬 이 골은 정말 환상적이었습니다.

2 오스카린 마수루케(Oscarine Masuluke, 바로카 FC)   90+5분(1:1)

2016년 11월 30일, 피터 모카바 스타디움, 폴로콰네(남아프리카공화국)
프리미어 사커 리그(Premier Soccer League, 남아공 최상위 프로축구리그-옮긴이), 11R, 바로카 FC 1:1 올랜도 파이리츠

파티 타임

골키퍼의 골로는 최초로 푸스카스상 후보에 오른 골입니다. 결국에는 지루의 전갈 골(13쪽)에 이어 2위에 올랐죠. 마수루케의 흥겨운 세리머니 역시 상을 받을 만했답니다.

3   호세 루이스 칠라베르트(José Luis Chilavert, 벨레스 사르스피엘드)   66분(2:1)

1996년 3월 22일, 에스타디오 호세 아말피타니, 부에노스아이레스(아르헨티나)
토르네오 클라우수라(Torneo Clausura, 아르헨티나 프로축구 후기리그-옮긴이), 3R, 벨레스 사르스피엘드 3:2 리베르 플라테

비키세요, 심판!

칠라베르트는 선수 생활 동안 실제로 62개의 골을 넣었는데, 이 골은 60미터 거리에서 넣은 프리킥 골이었습니다. "골키퍼가 새들을 쳐다보느라 방심하고 있는 틈을 타서 뛰기 시작했습니다. 앞에 심판이 서 있길래 '비키세요!'라고 소리쳤어요. 심판이 재빨리 몸을 숙여서 다행이지, 안 그랬으면 공에 맞아 쓰러졌을지도 몰라요. 부르고스가 반응을 하려 했을 때는 이미 늦은 뒤였죠. 아버지가 심장 치료를 받고 회복되신 지 얼마 안 되었을 때라, 저는 아버지께 그 골을 바쳤습니다. 제 유니폼은 심판에게 주었고요. 그게 그의 마지막 경기였던 데다 그런 훌륭한 반사 신경까지 보여주었으니, 충분히 그걸 받을 자격이 있었어요."

심판 마스트란젤로

4 호제리우 세니 (Rogerio Ceni, 상파울루)

53분 (2:0)

2011년 3월 27일, 아레나 바루에리, 상파울루(브라질)
캄페오나투 파울리스타, 16R, 상파울루 2:1 코린치앙스

100호 골

상파울루의 전설적인 골키퍼, 세니는 엄청난 업적을 이루어냈습니다. 코파 리베르타도레스(Copa Libertadores, 남미 최상위 클럽대회-옮긴이)에 3회, 피파 클럽 월드컵에 2회 출전, 리버풀과의 경기에서 '맨 오브 더 매치'로 선정, 선수 생활 중 총 131골을 넣는 등, 정말 대단한 기록을 세웠죠.

이 골은 그의 100번째 골이었는데(그가 최초로 세운 기록), 그것도 최고의 라이벌인 코린치앙스를 상대로 넣은 것이었어요. 팬들은 좋아서 어쩔 줄 몰랐답니다!

5 레네 이기타 (René Higuita, 아틀레티코 나시오날)   52분(1:0)

1995년 8월 9일, 에스타디오 아타나시오 히라르도트, 메데인(콜롬비아)
코파 리베르타도레스, 준결승전, 1차전, 아틀레티코 나시오날 1:0 리베르 플라테

다른 것도 할 줄 알아!

전설적인 '전갈 킥' 수비로 유명한 이기타는 코파 리베르타도레스 최초로 프리킥 골을 넣은 골키퍼였습니다.

최악의 골키퍼 자책골

1   새미 은조크 (Sammy Ndjock, 미네소타 유나이티드)   26분(0:2)

2016년 7월 21일, 내셔널 스포츠 센터, 미네소타(미국)
친선 경기, 미네소타 유나이티드 0:4 AFC 본머스

해명 아닌 해명

골키퍼 은조크는 자신의 자책골에 대한 신선한 해명을 내놓았습니다. 그는 실제로 자기 골문을 향해 공을 던졌어요. 하지만 그는 자괴감에 빠지지 않고 오히려 그 순간을 자기만의 것으로 만들었습니다. 그와 그의 팀 동료들은 재치 있게 탈의실에서 감독과 회의를 하는 장면을 비디오로 찍었습니다. 다들 감독의 말에 귀를 기울일 때, 은조크는 빵에 끈적한 잼을 발라 맛있게 먹었죠. 얼마 뒤 동료들이 다 나가고, 은조크는 장갑에 잼이 잔뜩 묻은 것을 쳐다보지만 닦을 시간이 없습니다. 그래서 그대로 경기장으로 뛰어나갑니다. 이 정도면 그의 자책골에 대한 논리적인 해명 아닌가요?

2 미카엘 로슈(Michaël Roche, AS 테파나(타히티)) 62분(1:4)

2016년 4월 8일, 프린스 찰스 파크, 나디(피지)
OFC 챔피언스 리그(오세아니아 클럽축구대회-옮긴이), C조, 나디 FC 1:6 AS 테파나

골 안으로 패스

어떻게 이런 실수를 할 수 있을까요? 경기장에 관중이 별로 없어서 욕하는 소리가 다 들렸습니다. 그 언어를 알아듣는 사람이 많지 않은 게 그나마 다행이었죠.

3 토미슬라브 피플리카 (Tomislav Pipllica, 에네르기 콧부스)   85분(3:3)

2002년 4월 6일, 슈타디온 데어 프로인트샤프트, 콧부스(독일)
분데스리가, 30R, 에네르기 콧부스 3:3 보루시아 묀헨글라트바흐

하늘이 내린 선물

분데스리가 역사상 가장 전설적인 골키퍼 자책골이죠. 슛은 엉뚱한 방향으로 날아가, 마치 우주로 날아가려는 듯 아주 높은 아치를 그렸습니다. 하지만 공이 다시 내려왔을 때, 피플리카는 잘못된 판단을 내리고 말았어요. 후에 그는 이렇게 말했습니다. "제 잘못이에요. 저는 공이 위쪽 골대에 맞을 줄 알았거든요." 경기 종료 휘슬이 울리자 그는 한 가지 생각밖에 나지 않았습니다. '도망치자!'

최고의 페널티킥

1 안토닌 파넨카 (Antonín Panenka, 체코슬로바키아)   승부차기(5:3)

스타디온 츠르베나 즈베즈다, 베오그라드(세르비아)
유로 1976 결승전, 체코슬로바키아 2:2(연장전 후, 승부차기 5:3) 독일 연방 공화국

오리지널

한 번도 시도된 적 없는 방식의 페널티킥을 성공시키기에 이보다 더 좋은 기회는 없었습니다. 유로 1976 우승에 결정적인 골이었으니까요. 그리하여 오늘날에는 이런 방식의 페널티킥을 '파넨카 킥'이라고 부르게 되었답니다.

2 안드레아스 브레메(Andreas Brehme, 독일) 85분(0:1)

1990년 7월 8일, 스타디오 올림피코, 로마(이탈리아)
1990 남아공 월드컵, 결승전, 아르헨티나 0:1 독일

낮게 날아 왼쪽 구석에 골인

"마테우스가 나더러 차라고 신호를 보내더군요. 원래는 그가 차려고 했는데, 그의 신발(그는 한때 그 신발을 마라도나에게 빌려줬다는 이유로 그것을 성스럽게 여겼다) 밑창이 떨어지는 바람에 불안했던 거예요." 브레메는 목표한 지점에 정확히 슛을 날렸고, 페널티킥 킬러인 고이코체아조차 막아낼 수 없었답니다.

3 안드레아스 묄러 (Andreas Möller, 독일)

1996년 6월 26일, 웸블리 스타디움, 런던(잉글랜드)
유로 1996, 잉글랜드 1:1(연장전 후, 승부차기 5:6) 독일

승부차기

다소 도발적인

골도 골이지만, 잉글랜드의 폴 개스코인이 관중들 앞에서 취하는 도발적인 포즈를 흉내 낸 것이 사람들 사이에 널리 회자되었습니다. "미리 생각한 게 아니라 직관적인 행동이었어요. 능력의 표현 같은 것이라고 느꼈거든요. 잉글랜드 웸블리 스타디움에서 우리 독일팀이 홈팀을 물리쳤으니, '보아라, 우리가 해냈다!'라고 으스댄 거죠." 영원히 남을 만한 장면이었습니다.

4 노릭 아브달리안 (Norik Avdalyan, 루빈 카잔 U21)　　　55분(1:1)

2018년 10월 6일, 스타디온 루빈 자파스니 폴레, 카잔 (러시아)
유스 챔피언십, 10R, 루빈 카잔 U21 1:1 우랄 U21

뒤로 공중제비

뒤로 공중제비를 돌아 페널티킥까지 골인시킨,
대단한 막간 곡예 쇼.

5 디아브 아와나(Theyab Awana, 아랍에미리트) 78분(5:2)

2011년 7월 17일, 칼리파 빈 자예드 스타디움, 알 아인, 아부다비(아랍에미리트)
국제 평가전, 아랍에미리트 6:2 레바논

뒤꿈치로 찬 페널티킥

아랍에미리트 대표팀 감독은 이 젊은이에게 잔뜩 화가 나서 다른 선수와 교체했습니다. 하지만 그의 뒤꿈치 슛 영상은 수백만 회의 조회 수를 기록했고, 그는 세계적인 유명 인사가 되었습니다. 두 달 뒤 그는 21세의 나이에 자동차 사고로 사망하고 말았습니다. 경찰에 따르면 그는 운전 중에 휴대폰을 사용했다고 합니다.

6 요한 크루이프(Johan Cruyff, 아약스) 그리고 예스페르 올센(Jeper Olsen) 21분(2:0)

1982년 12월 5일, 데 미어 스타디온, 암스테르담(네덜란드)
에레디비지에, 16R, 아약스 5:0 헬몬트 스포르트

Johan Cruyff

크루이프 센세이션

흔치 않은 더블 패스 후의 페널티킥. 크루이프는 공을 곧장 차지 않고 올센 쪽으로 패스했고, 올센은 다시 크루이프에게 패스 해 발만 내밀면 골인이 되도록 해주었습니다.

2016년에는 크루이프로부터 영감을 얻은 메시가 이와 똑같은 페널티킥을 크루이프에게 헌정하고자 네이마르와 미리 연습까지 했습니다. 그러나 메시가 패스를 했을 때 내막을 전혀 모르는 수아레스가 먼저 달려 나갔고, 다행히 결국에는 멋진 골로 마무리를 했답니다.

7 **지브릴 시세**(Djibril Cissé, 파나티나이코스)

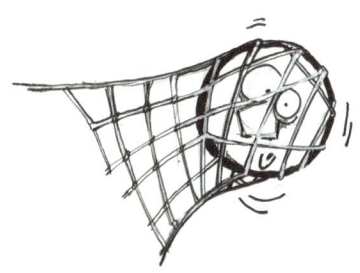

인상적

방어 불가 골. 지브릴 시세는 방향을 정확히 잡았을 뿐만 아니라 아주 힘차게 슛을 날려, 공이 몇 초간 그물에 걸려 있을 정도였답니다.

최악의 페널티킥

1 　아미르 사유드(Amir Sayoud, 알 아흘리)　　　82분

2011년 9월 5일, 카이로 인터내셔널 스타디움, 카이로(이집트)
이집트컵, 1라운드, 알 아흘리 4:0 키마 아스완

맙소사, 이렇게 서투를 수가!

골키퍼를 속이려고 골문 앞에서 잠시 주춤거리던 사유드는 중심을 잃고 잔디에 얼굴을 박으며 쓰러지고 말았습니다. 그 와중에 살짝 건드려진 공은 슬로모션처럼 천천히 골키퍼의 손으로 굴러갔죠. 정말 보기 민망했어요. 아마 세계에서 가장 형편없는 페널티킥이라고 할 수 있을 거예요. 사유드는 그 뒤에 옐로카드까지 받았습니다. 주춤거린 행동 때문이었다고 하지만 실은 너무 황당하게 서툰 모습을 보여서가 아니었을까요?

2 **다이애나 로스**(Diana Ross, 미국 가수) 1994 미국 월드컵 개막식 시축 장면
1994년 6월 17일, 솔저 필드, 시카고, 일리노이(미국)

바조(Baggio)보다도 못한 슛

다이애나 로스의 실축은 너무나 엉망이었기에 오늘날까지도 월드컵 개막식의 잊지 못할 장면들 중 하나로 남아있습니다. 이 장면은 또한 북미의 축구 실력에 대한 완벽한 은유가 되기도 한답니다.

3 로베르토 바조(이탈리아)   승부차기

1994년 7월 17일, 로즈 볼 스타디움, 로스앤젤레스, 캘리포니아(미국)
1994 미국 월드컵, 결승전, 브라질 0:0(연장전 후, 승부차기 3:2) 이탈리아

결코 아물지 않는 상처

아주 중요한 월드컵 결승전에서의 승부차기였습니다. 그때까지 이탈리아의 영웅이었던 바조의 환상적인 월드컵은 끔찍하게 끝나버리고 말았어요. 후에 출간된 자서전에서 그는 그 운명적인 실축을 도무지 극복할 수 없어서 심리 치료를 받아야 했다고 고백했습니다. 결코 아물지 않는 상처로 남았던 것이죠.

4 시모네 자자 (Simone Zaza, 이탈리아)   승부차기

2016년 7월 2일, 스타드 마트뮈 아틀랑티크, 보르도 (프랑스)
유로 2016, 8강전, 독일 1:1(연장전 후, 승부차기 6:5) 이탈리아

타란텔라

사실 타란텔라(tarantella, 경쾌하고 빠른 스텝이 특징인 이탈리아 전통 춤과 무곡-옮긴이)와는 아무 상관이 없었습니다. 자자는 오직 승부차기만을 위해 120분에 교체 투입되었어요. 그로서는 잔스텝을 밟다가 우아하게 골인시키려고 했겠지만, 결과는… 팬들의 원망 어린 외침을 통해 확인할 수 있었답니다.

5 울리 회네스(Uli Hoeness, 독일 연방 공화국)   승부차기

1976년 6월 20일, 스타디온 츠르베나 즈베즈다, 베오그라드(세르비아)
유로 1976, 결승전, 체코슬로바키아 2:2(연장전 후, 승부차기 5:3) 독일 연방 공화국

우주로 뻥

이렇게 큰 대회의 결승전에서 승부차기로 승패가 결정되는 건 이때가 처음이었습니다. 결승전이 있기 얼마 전, 독일축구연맹이 자국팀 선수들의 휴가를 보장해주기 위해 재경기 대신 승부차기를 제안했던 것이죠. 이 승부차기에서 특히 기억에 남는 것은 승부를 결정지었던 파넨카의 마지막 득점골(203쪽)과, 회네스의 실축이었어요. 회네스는 마치 우주까지 공을 보내려는 듯 베오그라드의 밤하늘로 공을 쏘아 올렸답니다.

6 존 테리(John Terry, 첼시 FC) 승부차기

2008년 5월 21일, 루즈니키 스타디움, 모스크바(러시아)
챔피언스리그, 결승전, 맨체스터 유나이티드 1:1(연장전 후, 승부차기 6:5) 첼시 FC

미끄러지다

승부차기 4대 4 상황. 첼시의 주장인 테리가 다음 슛을 골인시키면 첼시가 챔피언스리그의 우승자가 됩니다. 그런데 앞으로 달려나가 슛을 날리려는 순간, 테리는 미끄러지며 엉덩방아를 찧고 말았어요. 경기에서 진 뒤에 그는 엉엉 울었죠. "이 실수가 평생 나를 괴롭힐 거예요", 그는 말했답니다.

7 호나탄 소리아노 (Jonathan Soriano, FC 레드불 잘츠부르크) — 80분

2012년 8월 12일, 레드불 아레나, 잘츠부르크(오스트리아)
오스트리아 분데스리가, 4R, FC 레드불 잘츠부르크 0:2 라피트 빈

저 구름 위로

이런 광경은 처음이었습니다! 골대 위로 이보다 더 높이 공을 찰 수가 있을까요?

마지막 순간에 넣은 최고의 골

1 세르히오 아구에로 (맨체스터 시티)   90+4분 (3:2)

2012년 5월 13일, 에티하드 스타디움, 맨체스터(잉글랜드)
프리미어리그, 시즌 마지막 라운드, 38R, 맨체스터 시티 3:2 퀸즈 파크 레인저스

마지막 순간의 우승 골

사실 경기는 끝난 것이나 마찬가지였습니다. 경기와 대회, 둘 다요. 90분에 맨체스터 시티는 1대 2로 뒤지고 있었고, 같은 지역 라이벌인 맨체스터 유나이티드는 우승을 자신하고 있었죠. 하지만 그때 파란 유니폼의 기적이 일어났습니다. 90+2분에 제코(Dzeko)가, 90+4분에 아구에로가 골을 넣었던 것이죠. 관중들 모두가 환호하며 서로를 얼싸안았습니다. 2분 만에 두 골, 44년 만의 우승. 프리미어리그 역사상 가장 극적인 시즌 피날레였답니다.

2 올레 군나르 솔샤르(Ole Gunnar Solskjaer, 맨체스터 유나이티드)   90+3분(2:1)

1999년 5월 26일, 캄 노우, 바르셀로나(스페인)
챔피언스리그, 결승전, 맨체스터 유나이티드 2:1 FC 바이에른 뮌헨

트라우마

캄 노우에서 열린 챔피언스리그 결승전에서 바이에른 뮌헨은 1대 0으로 앞서고 있었습니다. 그러나 추가 시간에 두 골을 먹으며 맨체스터 유나이티드에 우승을 내주고 말았죠. 해설자는 "도저히 믿을 수가 없군요"라는 말밖에 하지 못했답니다.

3   트로이 디니(Troy Deeney, 왓포드 FC)

2013년 5월 12일, 비커리지 로드, 왓포드, 하트퍼드셔(잉글랜드)
2013년 프리미어리그 승격 플레이오프, 준결승전, 2차전, 왓포드 FC 3:1 레스터 시티

90+7분(3:1)

영화처럼

추가 시간에 레스터가 페널티킥 기회를 얻었을 때, 왓포드는 승격의 꿈이 무너질 위험에 처했습니다. 녹카트가 슛을 날렸고 골키퍼가 막아냈죠. 그리고 18초 뒤 역공을 펼치던 디니가 경기 97분에 골을 넣었습니다. 정말 영화의 한 장면 같았어요.

4 **가브리에우 바르보자**(Gabriel Barbosa, 플라멩구)   90+5분(2:1)

2019년 11월 23일, 에스타디오 모누멘탈 'U', 리마(페루)
코파 리베르타도레스, 결승전, 플라멩구 2:1 리버 플라테

'가비골(Gabigol)'

리베르가 경기 대부분을 장악했고, 플라멩구는 3분만 뛴 것 같았습니다. 하지만 이 3분 동안 놀라운 일들이 일어났죠. '가비골'은 경기 마지막인 90+2분, 90+5분에 두 골을 넣었습니다. 덕분에 플라멩구는 38년 만에 다시 코파 리베르타도레스에서 우승하게 되었답니다.

5 파트릭 안데르손(Patrik Andersson, FC 바이에른 뮌헨)   90분(1:1)

2001년 5월 19일, AOL 아레나, 함부르크(독일)
분데스리가, 34R, 함부르크 SV 1:1 FC 바이에른 뮌헨

챔피어어어어어어언!!!!!

샬케가 승리를 축하할 때, 바이에른은 역전 우승할 마지막 기회를 얻었습니다. 함부르크의 페널티 에어리어 안에서 얻은 프리킥으로 안데르손이 날린 슛은 수비벽의 아주 작은 구멍을 쏙 통과했습니다. "페널티 에어리어에 스무 명이 서 있을 때는 당연히 약간의 행운이 필요하죠." 샬케는 아쉽게 우승을 놓쳤고 바이에른은 나흘 뒤 챔피언스리그에서도 우승했답니다.

6 데니스 베르캄프 (네덜란드) — 89분(2:1)

1998년 7월 4일, 스타드 벨로드롬, 마르세유(프랑스)
1998 프랑스 월드컵 8강전, 네덜란드 2:1 아르헨티나

공중 볼 처리

이럴 수가! 이렇게 멋진 볼 처리가 또 있을까요? 완벽합니다! 베르캄프는 세 번의 놀라운 터치 끝에 경기 막바지에 골을 넣었고, 그 덕분에 네덜란드는 월드컵 준결승에 진출했답니다.

7 아르연 로번(Arjen Robben, FC 바이에른 뮌헨)

89분(2:1)

2013년 5월 25일, 웸블리 스타디움, 웸블리, 런던(잉글랜드)
챔피언스리그, 결승전, FC 바이에른 뮌헨 2:1 보루시아 도르트문트

어떻게 로번이!

아르연 로번이 89분에 인생골을 넣은 덕분에 바이에른은 챔피언스리그에서 우승했습니다. 로번은 결승전의 저주를 받았다고 할 정도로 월드컵이나 챔피언스리그 결승에서 2위에 그치기 일쑤였습니다. 이번에는 이길 수 있으리라는 사실을 깨달은 그의 얼굴에는 황홀함만이 가득했죠. 그리고 바이에른과 로번의 팬들 모두가 진심으로 그를 축하해주었습니다. "공이 정말로 그물 안에 들어간 것을 본 순간, 말로 설명할 수 없이 기뻤습니다. 저는 어린아이처럼 뛰어가며 '맙소사! 맙소사!'라고 외쳤죠." 축구를 통해 그는 인생의 한 페이지를 장식할 해피엔딩을 기록할 수 있었답니다.

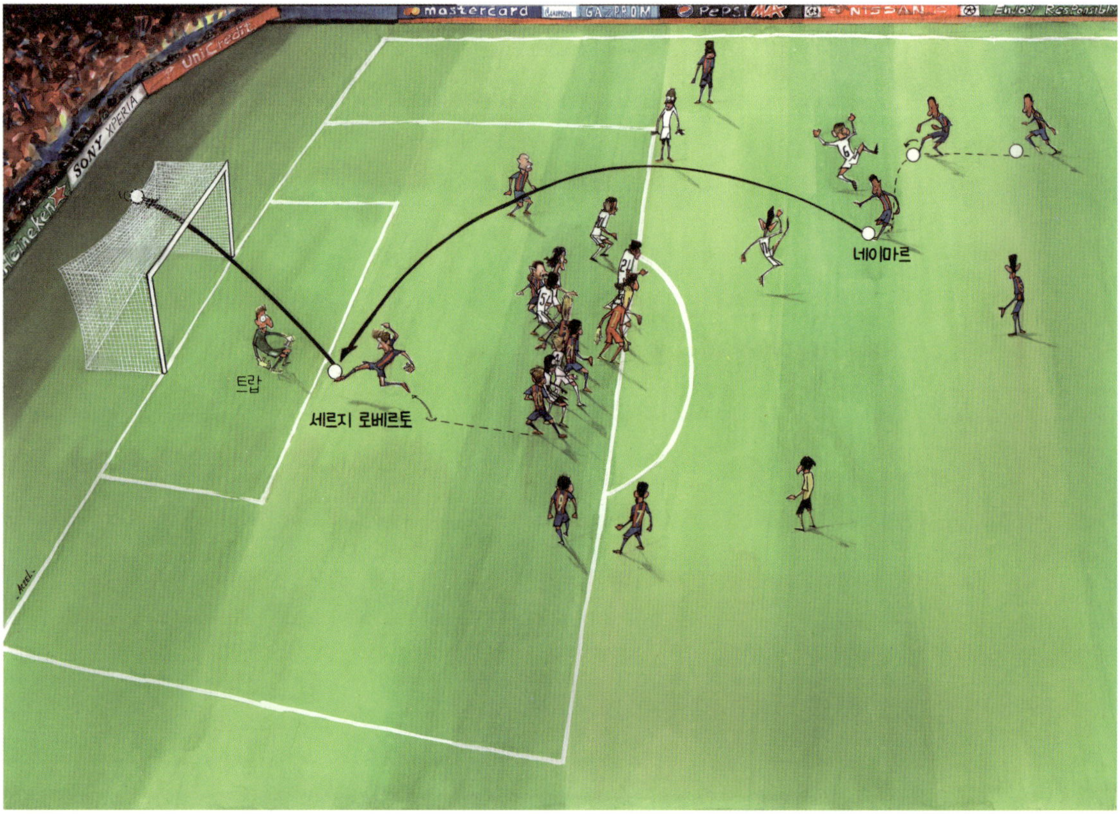

8 세르지 로베르토 (Sergi Roberto, FC 바르셀로나)   90+5분(6:1)

2017년 3월 8일, 캄 노우, 바르셀로나(스페인)
챔피언스리그, 16강전, 2차전, FC 바르셀로나 6:1 파리 생제르맹

따라잡기

챔피언스리그 역사상 1차전 4대 0의 패배를 2차전에서 완전히 뒤집어놓은 팀은 없었습니다. 하지만 FC 바르셀로나는 믿고 있었어요. 그날 저녁 카탈루냐를 위해 최고의 플레이를 선사한 네이마르와 88분 이후에 터진 세 개의 골이 마지막 순간에 기적을 일으켜, 바르셀로나는 8강 진출에 성공했습니다. 세르지 로베르토는 이렇게 말했어요. "그 골을 제가 넣었다니, 정말 행운이에요. 꿈이 아닌가 싶어서 골 장면을 계속 돌려보느라 밤새 잠도 못 잤어요."

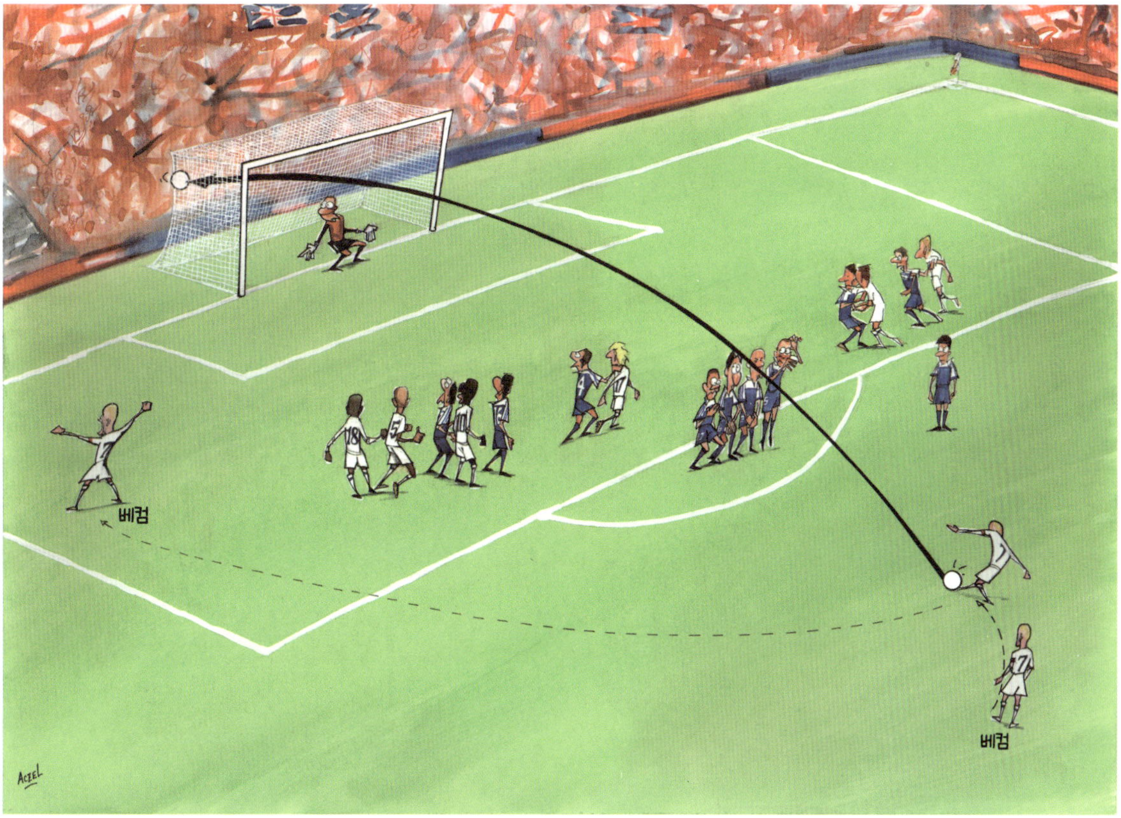

데이비드 베컴 (David Beckham)

2001년 10월 6일, 올드 트래퍼드, 맨체스터(잉글랜드)
2002 한일 월드컵 예선, 9조, 잉글랜드 2:2 그리스

90+3분(2:2)

베컴처럼 차라

올드 트래포드에서 베컴이 보여준 완벽한 무대. 잉글랜드는 지고 있었고, 플레이오프전을 치르지 않고 2002년 월드컵 본선에 직행하려면 기적이 필요했습니다. 추가 시간에 잉글랜드에 프리킥 기회가 주어졌습니다. 베컴은 공을 바르게 놓고 최선을 다해 슛을 날렸죠. 이 골은 분명 그의 선수 생활 중의 하이라이트였습니다. 그 전에 뮌헨에서 숙적인 독일에 5대 1로 이긴 잉글랜드는 이 골로 독일을 밀어내고 본선에 진출했답니다.

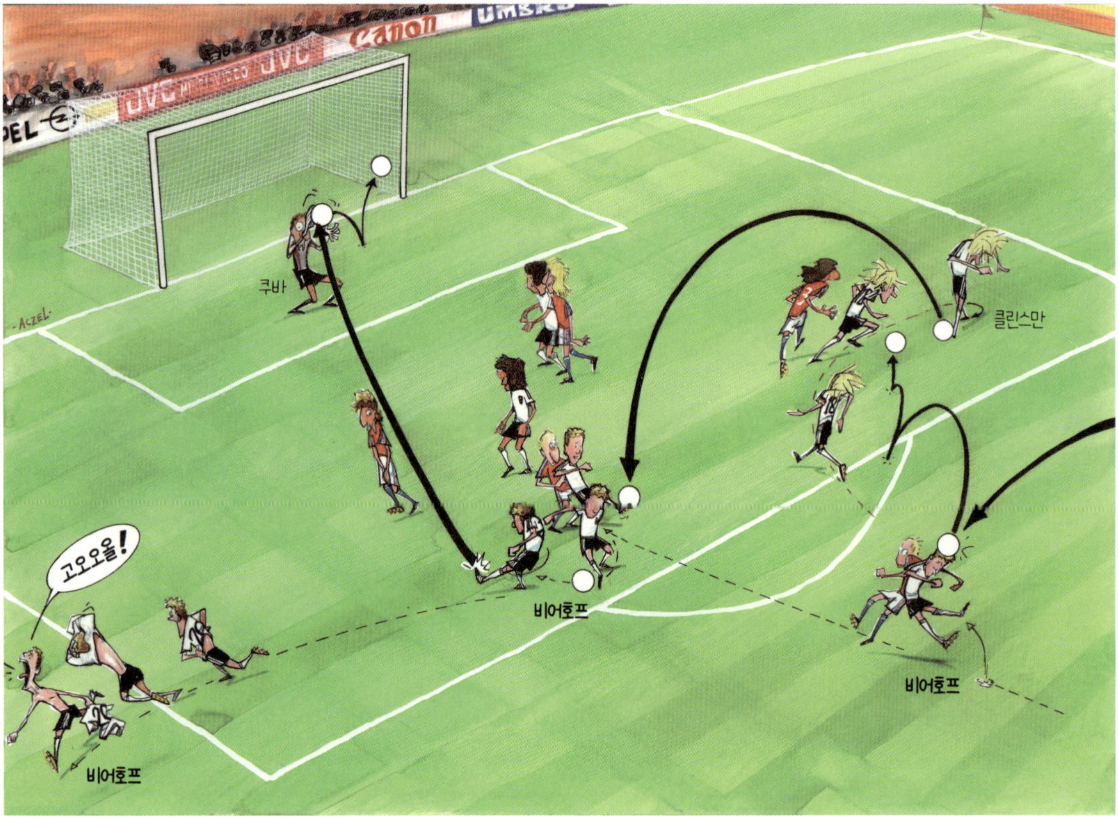

10

올리버 비어호프(Oliver Bierhoff, 독일)   95분, 골든골(2:1)

1996년 6월 30일, 웸블리 스타디움, 런던(잉글랜드)
유로 1996, 결승전, 독일 2:1(골든골 후) 체코

챔피언으로 가는 골든골

역사상 최초로, 그것도 축구의 본고장인 잉글랜드에서 넣은 골든골이었습니다. 독일은 유로 1996 우승국이 되었죠. 골든골 제도는 한참 전에 다시 폐지되었지만 비어호프의 골든골에 대한 기억은 또렷이 남아 있어요. 골 자체는 그리 대단하지 않았지만, 주장 클린스만과 그의 팀원들은 승리의 환호를 올렸답니다.

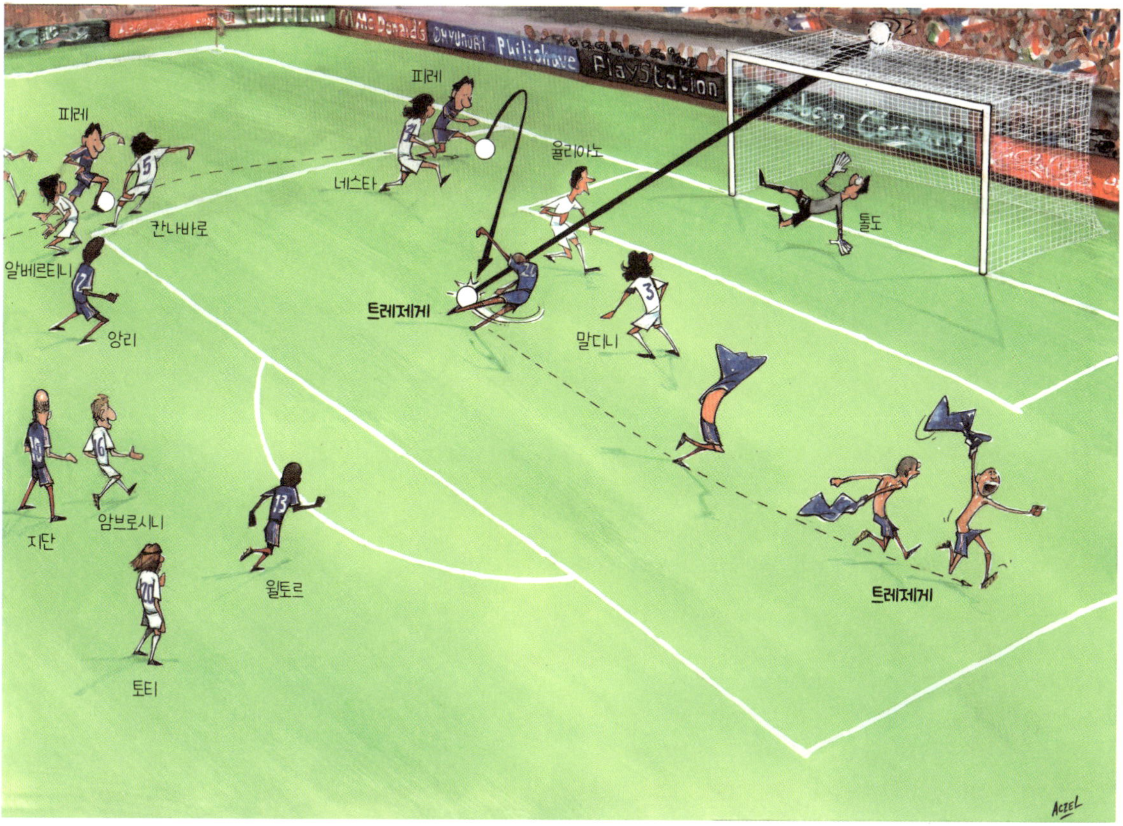

11 다비드 트레제게(David Trezeguet, 프랑스)

103분, 골든골(2:1)

2000년 7월 2일, 데 카윕(스타디온 페예노르트), 로테르담(네덜란드)
유로 2000, 결승전, 프랑스 2:1(골든골 후) 이탈리아

결정적인 마지막 골!

다들 더 이상 가망이 없다고 생각했습니다. 정규 시간이 거의 끝나갈 때까지 이탈리아에 지고 있었어요. 그런데 90+4분에 동점이 되면서 일단 연장전까지 가게 되었죠. 프랑스 선수들은 대부분 지네딘 지단이 지휘하는 4인 체제로 움직였습니다. 그중 골든골을 넣은 건 트레제게였고요. 묘한 것은, 이 결승전 직전에 그가 유벤투스와 계약을 했다는 것이었죠. 그의 제2의 고향이 될 이탈리아는 충격을 받은 채 그가 세리머니하는 모습을 지켜볼 수밖에 없었답니다.

12 장 피에르 은사메(Jean-Pierre Nsame, BSC 영 보이즈) 89분(2:1)

2018년 4월 28일, 스타드 드 스위스(방크도르프 슈타디온), 베른(스위스)
스위스 슈퍼리그, 32R, BSC 영 보이즈 2:1 FC 루체른

32년간의 기다림

오랜 역사를 지닌 스위스의 클럽, 영 보이즈는 32년 만에 우승을 거두며 팬들을 기쁨의 도가니에 빠뜨렸습니다. 스타드 드 스위스에서 찍힌 감동적이고도 실감 나는 장면들을 보면 영 보이즈 클럽은 물론, 경기 종료 휘슬이 울린 뒤 경기장으로 몰려와 노란색, 검은색 물결을 이룬 팬들에게 이 승리가 어떤 의미를 지니는지를 잘 알 수 있죠. 이 승리로 영 보이즈의 황금기가 시작되기를…

13	**페트코비치**(Petkovich, 플라멩구)	88분(3:1)

2001년 5월 27일, 마라카낭, 리우데자네이루(브라질)
캄페오나투 카리오카(Campeonato Carioca, 브라질 리우데자네이루 주의 최상위리그-옮긴이), 결승전, 2차전, 플라멩구 3:1 바스쿠 다 가마

3회 연속 우승

플라멩구는 결승 1차전에서 1대 2로 졌기 때문에 한 골 차이로 숙적인 바스쿠에게 우승을 빼앗길 수도 있는 상황이었습니다. 하지만 페트코비치의 완벽한 프리킥 덕분에 1999년, 2000년에 이어 2001년까지 연속 3회 우승을 거둘 수 있었죠.

최악의 자책골

1 크리스 브래스 (Chris Brass, 달링턴 FC)   8분(0:1)

2006년 4월 22일, 달링턴 아레나, 달링턴(잉글랜드)
EFL 리그 투(잉글랜드 4부리그-옮긴이), 달링턴 FC 2:3 베리 FC

슬랩스틱 자책골

축구에서 자책골을 넣는 것만큼 끔찍한 일은 없을 거예요. 하물며 자기 얼굴에 공을 차서 코가 부러졌다면 어떨까요? 바로 그와 같은 일이 크리스 브래스에게 일어났습니다. 당시 잉글랜드의 해설자는 퉁명스럽게 "보고 배우세요"라는 말만을 남겼답니다.

2 아드리앙 굴포 (Adrien Gulfo, 풀리 풋볼)   30분(1:3)

2017년 5월 2일, 상트르 스포르티프 드 로세타스, 보(스위스)
스위스 5부리그, 2017년 보 컵(쿠프 보두아)의 준결승전, 풀리 풋볼 3:3(승부차기 7:6) 스타드 렌 FC

굉장해

스위스 5부리그 선수인 굴포는 자기가 세계적으로 유명해지리라고 전혀 생각지 못했겠지만, 그런 일이 실제로 일어났습니다. 뒤꿈치로 공을 받은 그는 불가능한 각도에서 숨 막히는 오버헤드킥으로 골을 넣고 말았답니다.

3

페스투스 바이세(Festus Baise, 시티즌 AA) 80분(1:3)

몽콕 스타디움, 주룽, 홍콩(중국)
홍콩 프리미어리그, 8R, 싼헤이 2:3 시티즌 AA

헉!

여기 환상적인 전갈 슛도 있습니다.

4 파볼 듀리차 (Pavol Ďurica, 몰 페헤르바르 FC) 87분(3:1)

2008년 3월 27일, 나기에르데이 슈타디온, 데브레첸(헝가리)
마기아르 쿠파(헝가리 컵), 8강전, 2차전, 데브레체니 VSC 3:1 몰 페헤르바흐 FC

이렇게 차야지

경기 종료 조금 전에 상대편이 페널티킥 기회를 얻었습니다. 약하게 찬 볼이라 골키퍼가 막아냈죠. 그러나 파볼은 마치 "이렇게 차는 거야"라고 말하듯 온 힘을 다해 멋진(?) 골을 만들어냈답니다.

5 헬무트 빙클호퍼(Helmut Winklhofer, FC 바이에른 뮌헨)   34분(1:0)

1985년 8월 10일, 그로텐부르크 캄프반, 크레펠트(독일)
분데스리가, 1R, KFC 위어딩엔 05 1:0 FC 바이에른 뮌헨

1985년 8월, 이달의 골

정말 멋진 원거리 슛. 35미터 밖에서 쏜 이 슛은 최종 결과를 1대 0으로 만들었을 뿐만 아니라 분데스리가 역사의 한 페이지를 장식했으며, 독일 공영방송 ARD의 '슈포르트샤우(Sportschau)' 프로그램에서 자책골로는 최초로 '이달의 골'로 선정되었답니다.

이달의 골
헬무트 빙클호퍼
1985. 8

6 제이미 폴락(Jamie Pollock, 맨체스터 시티) 21분(1:2)

1998년 4월 25일, 메인 로드 스타디움, 맨체스터(잉글랜드)
풋볼리그 1부, 45R, 맨체스터 시티 2:2 퀸즈 파크 레인저스

파멸로 골인

폴락은 여유롭고 능숙하게 수비수 몇 명을 제치더니 헤딩으로 정확하게 자기 팀 골키퍼 머리 위를 넘어가는 골을 넣었습니다. 그 자책골에 대한 결과로 맨체스터 시티는 강등되고 말았죠.

팬들이 오래오래 기억에 남기고 싶어 하는 골은 아구에로의 골(219쪽)이고, 떠올리기조차 싫어하는 골은 이 골이랍니다.

7 　오세아스(Oséas, 파우메이라스) 　　　　　　　　　　　　　　　　8분(0:1)

1998년 3월 15일, 이스타지우 팔레스트라 이탈리아, 상파울루(브라질)
캄페오나투 파울리스타, 파우메이라스 1:1 코린치앙스

이런 공격수가 다 있다니!

파우메이라스의 센터포워드 오세아스는 페널티 에어리어 안에 높게 뜬 공을 보고 우아하게 높이 날아올라 멋지게 헤딩을 날렸고, 결국 공이 골망을 힘차게 흔들었습니다. 문제가 뭐냐고요? 코너킥을 찬 건 코린치앙스의 미드필더인 마르셀리뉴였고, 이 당당한 골을 먹은 골키퍼는 파우메이라스 팀의 골키퍼였다는 것이죠. 오세아스가 굉장한 골잡이라는 사실만은 확실합니다.

최고로 이상한 골

1

디에고 아르만도 마라도나 (아르헨티나) 50분(1:0)

1986년 6월 22일, 에스타디오 아스테카, 멕시코시티(멕시코)
1986 멕시코 월드컵 8강전, 아르헨티나 2:1 잉글랜드

신의 손 (La Mano De D10s)

이 골은 축구 역사상 가장 이상한 골로 알려져 있습니다. 경기가 끝난 뒤 마라도나는 "머리로 약간, 신의 손으로 약간"이라고 해명했죠. 또 "심판이 인정했으니 아주 정당한 골입니다. 저는 그의 정직함을 결코 의심하지 않을 거예요"라는 말도 했습니다.

도저히 능가할 수 없는 골이다 보니 이렇게 '이상한 골' 장에 남겨두게 되었답니다.

작가 소개

제르만 악셀(Germán Aczel)은 1974년 2월 12일 아르헨티나 부에노스아이레스에서 태어났습니다. 학교에서는 대부분 그림을 그리는 데 시간을 보냈죠. 월요일이면 선생님과 반 친구들은 그가 그린 보카 주니어스의 골 장면을 볼 생각에 잔뜩 들떠 있었습니다. 열여섯 살 때부터 이미 지역 신문에 그의 작품이 실렸답니다. 첫 번째 상을 받은 뒤에는 아르헨티나의 주요 일간지 〈라 나시온(La Nación)〉에서 일하기 시작했고, 그로부터 얼마 뒤에는 최대 스포츠 신문사 〈엘 그라피코(El Gráfico)〉에서도 일했습니다.

스무 살에 처음으로 대규모 전시회를 열었고, 아르헨티나 이외의 다른 나라들에 관한 작품도 소개했어요. 브라질 리우데자네이루에 살면서 〈조르날 두 브라질(Jornal do Brasil)〉 등과 일하던 그는 스물여섯 살에 두바이에서 열린 캐리커처 대회의 우승 상금으로 유럽 여행을 떠났습니다. 그리고 뮌헨에서 탱고를 추다가 지금의 아내를 만나 그곳에 살게 되었죠.

독일에서는 〈브라보 슈포르트(BRAVO Sport)〉, 〈분데스리가(Bundesliga)〉와 영국 잡지 〈포포투(FourFourTwo)〉 등을 위해 삽화를 그렸습니다.

그의 책 〈월드컵 1930~2018〉의 초판은 2010년에 이미 9개국(영국, 이탈리아, 프랑스 등)에서 출간되었습니다. 2014년에는 독일에 처음 소개되어 베스트셀러에 올랐고, 2018년에는 중국에서도 출간되었어요.

스위스 취리히의 FIFA 세계 축구 박물관에도 그의 그림 원본이 전시되어 있습니다. 2018년 월드컵을 맞아 초청된 그는 박물관의 상주 예술가로서 날마다 일어나는 일들을 그렸습니다.

아랍에미리트에서 2019 아시안컵이 열렸을 때에는 아부다비 미디어의 초청을 받아, 매일 〈알 이티하드(Al-Ittihad)〉 신문의 마지막 장을 장식했습니다.

그는 유니세프(UNICEF)와 홈리스 월드컵(Homeless World Cup)을 후원하며, 스포츠를 통한 난민 통합을 위해 힘쓰고 있어요.

아르헨티나에 뿌리를 둔 이 예술가는 현재 아내, 네 명의 자녀, 네 마리 고양이와 함께 독일 뮌헨에 살고 있답니다.

마라도나에게 바치는 오마주.
이 책을 나의 아이들과 모든 축구 팬들에게 바칩니다!

축구 역사를 빛낸
최고의 골

1판 1쇄 발행 | 2022년 11월 15일
1판 2쇄 발행 | 2024년 9월 13일

지은이 ACZEL
옮긴이 서지희
펴낸이 김기옥

실용본부장 박재성
마케터 서지운
지원 고광현, 김형식

디자인 푸른나무 디자인(주)
인쇄·제본 민언프린텍

펴낸곳 한스미디어(한즈미디어(주))
주소 121-839 서울시 마포구 양화로 11길 13(서교동, 강원빌딩 5층)
전화 02-707-0337 | 팩스 02-707-0198 | 홈페이지 www.hansmedia.com
출판신고번호 제 313-2003-227호 | 신고일자 2003년 6월 25일

ISBN 979-11-6007-629-5 03690

책값은 뒤표지에 있습니다.
잘못 만들어진 책은 구입하신 서점에서 교환해 드립니다.